蓟门集

北京史研究初探

李扬 著

学苑出版社

前　言

有着三千多年建城史与八百多年建都史的北京，历史的厚重感与复杂性并存。对北京史的研究者来说，如何选择一个好的研究切入点确实是让人颇感踌躇的问题。定宜庄老师在其《老北京人的口述历史》一书的前言中说，"从踏入史学研究之门的那天起，我就想将北京史作为我的研究方向，始终未能如愿的原因，是苦于不得其门而入。"她自称后来接触到口述史学的方法，"终于找到一个能够进入北京历史的深处并且将它表达出来的门径，那就是通过对若干人进行口述访谈的方式，从个体的角度，亦即从个人的生活经历和生命过程的角度入手，来追溯百年来北京城的历史。"[①]诚哉斯言。北京历史文化内涵极其丰富，给我们的解读与诠释提供极大空间的同时，对研究者而言也是一个挑战。作为北京史研究领域的一名新兵，笔者在几年的教学与科研工作中也尝试从几个角度进行初步探索，本书就是这种探索的反映。

本书第一部分是关于北京非物质文化遗产，尤其侧重非物质文化遗产传承人口述史的研究。口述史是近年来史

[①] 定宜庄：《老北京人的口述历史》，中国社会科学出版社2009年版，前言。

学界很热门的领域，体现了历史研究视角的变化，从关注精英到关注普通人，正可谓"讲述老百姓自己的故事"。非物质文化遗产的研究与保护问题，在文化遗产学界与民俗学界讨论颇多，书中对非遗传承人口述史进行了初步的理论思考，同时对国家级非物质文化遗产项目——聚元号弓箭制作技艺传承人杨福喜进行了多次口述访谈。由此笔者也深深感到，当下谈非物质文化遗产的理论与保护，没有深入的个案研究与田野考察，很多提法都会似是而非。记录、保存与传承应当是非物质文化遗产保护的题中应有之义。当然，非物质文化遗产的研究与保护也面临着很多新的课题，如本书附录所讨论的传统村落的非物质文化遗产保护问题，无论是政府还是学界对此问题都没有明确的说法，这本身也是由于缺乏深入的研究造成的。因此，需要大家共同努力深入推进。

本书第二部分内容围绕清代以来的皇家园林——"三山五园"展开。按照通常的说法，"三山"即万寿山、香山与玉泉山，"五园"即畅春园、圆明园、清漪园（颐和园）、静明园与静宜园。我们都知道紫禁城建于明代，清代继续沿用，因此在皇家宫殿的建设方面有改建但并未推倒重来。如清代市政建设最频繁的乾隆时代，曾经修筑建福宫并重修慈宁宫、寿康宫与寿安宫，但中轴线上的门户与主体建筑并无变更，如前朝三大殿、后廷两大宫与东西十二宫等均维持原状。有清一代北京的市政建设主要体现在三山五园的兴修与改建上面。戴逸先生在《乾隆帝及其时代》一书中就专门提到了乾隆帝与北京市政建设，他指出"没有

前言

一个封建统治者像乾隆那样，几乎在北京所有著名建筑和设施上留下了自己的印记。如果没有乾隆帝长达60年之久的营建努力，那末，我们今天熟悉的、欣赏的、爱好的许多建筑、设施、景点将在大地上消失、或者完全变成另外的样子，北京的耀人眼目的光辉亦将黯然失色"①。正是乾隆帝奠定了此后三山五园的基础，从而为北京城市景观点缀了一片亮色。本书所收的几篇文章重点围绕清代三山五园地区的"旗人村落"以及民国时期的圆明园展开。清代随着皇家园林的陆续兴修，在三山五园地区产生了大量的驻军，所谓"京旗外三营"——圆明园护军营、外火器营与香山健锐营正是与三山五园相伴而生的产物。金启孮先生《北京郊区的满族》一书重点介绍了"营房中的满族"、"散居的满族"与"园寝附近的满族"，他提出"这些满族下层，我觉得他们才是满族性格和思想的真正的代表"②。笔者通过民国时期的《成府村志》（现在北大东门的成府路即得名于此）及一些民国学者的社会调查资料，力图勾勒这一地区旗人聚落的形成、演变和旗人社会生活的一些侧面。三山五园地区除上层的皇家文化之外，下层的旗人文化同样颇具特色，构成了三山五园民间文化的重要内容。民国时期三山五园的历史变迁是我又一个颇为感兴趣的问题。尤其在溥仪内务府时期，圆明园在北洋政府的《清室优待条件》中被列为皇家的私产，然而此时的内务府与清代内

---

① 戴逸：《乾隆帝及其时代》，中国人民大学出版社1997年版，第461—462页。

② 金启孮：《金启孮谈北京的满族》，中华书局2009年版，前言。

务府显然不可同日而语,面对军阀与北洋政府的强势,圆明园的文物成为"唐僧肉",产权归属也成为问题。因此,三山五园研究仍有颇多的探索空间。

本书的第三部分是北京城市史的研究,具体说来主要是民国北京城市史的研究。讲授北京史课程几年下来,笔者有一个深刻的感受,就是北京史研究"头重脚轻",即古代史研究颇有成绩,尤其是以侯仁之先生为代表的北京城市历史地理研究,而近现代北京城市史的研究则相形见绌。与国内其他城市史的研究相比,诸如上海、武汉、天津城市史的研究,在基于档案文献的深入个案研究方面,北京史的不足更加明显。2015年北京社科院历史所与华东师范大学上海史研究中心联合举办了"中国的'双城记':比较视野下的北京与上海城市历史"学术研讨会,更是给笔者以颇多启发。北京大学陈平原教授所作的主题报告《北京研究的可能性》,提出都市研究应思考"如何与社会史、经济史、科学史对话,以及怎样引入考古、艺术与建筑的视野,增加空间感与视觉性。"这也为北京史的研究指明了方向。在会上提交的《从六国饭店看近代北京公共空间的演变》一文,代表了笔者的初步思考与探索。北京从传统走向现代,新旧、中西、南北的差异及其冲突,在城市转型的过程中都有所体现。因此,北京史研究的难度较其他城市要大。而坊间谈到民国北京或通常所谓的"老北京文化",除了胡同四合院,似乎就是天桥杂耍与平民文化。这显然是不全面的。北京在走向近代化的过程中同样有"摩登"的一面,六国饭店就是明显的例子。李少兵先生等著

前言

《北京的洋市民》就为我们揭示了"摩登北京如何可能"。北京从传统走向现代,很重要的一个转变就是城市公共空间的开放。史明正先生《走向近代化的北京城——城市建设与社会变革》一书对此多有论述,他尤其谈到北京公园的开放的意义,即"通过将私人园林改造为公共空间,中华民国政府表明了它与中国封建王朝的旧时代决裂的决心和关心人民疾苦的承诺。"[1]传统时代的北京,寺庙成为城市各阶层共享的公共空间,从民国年间李家瑞编纂的《北平风俗类征》中我们可以发现这一现象。本书中提到的古物陈列所更是一个将皇室私产转变为公共博物馆的典型个案,反映了民国初年知识分子与政府重塑国民的尝试。至于北京城墙的历史记忆,从王军的《城记》出版以来,"梁陈方案"与北京城市定位的讨论更是延绵不绝。由此我也想到,自清末以来北京的城市规划与设计,城市文化的形成与演变,似乎可以系统梳理与提炼,也能为今后的城市规划与发展提供一定的参考。

以上算是对本书内容的简单介绍,似乎有些庞杂,但基本真实记录了几年来自己的初步努力,在这里结集起来供大家批评,也督促自己更加投入,为推进北京城市史的研究添砖加瓦。

另外,我还想对本书的书名略作交待。"蓟门集"的书名是北京联合大学应用文理学院历史文博系的元老、已故的朱耀庭教授给他领衔的一批著作所起的书名,其中也有

---

[1] 史明正:《走向近代化的北京城——城市建设与社会变革》,北京大学出版社1995年版,第144页。

5

朱老师自己的论著诸如《蓟门集——元世祖研究》，估计与我们学院离"燕京八景"之一的"蓟门烟树"碑不远有关。这里借用过来，一是表示学术的传承；二是从系里几位老师的口中了解到朱老师的为人与治学，颇为钦佩，这里也表达对朱老师的尊敬与怀念。

目 录

第一章 北京非物质文化遗产研究

第一节 非物质文化遗产传承人口述史研究的理论与实践
——以北京为中心 2

第二节 聚元号弓箭制作技艺非遗传承人口述史 17

第三节 北京非物质文化遗产项目的保护现状、问题与对策 94

第二章 三山五园研究

第一节 三山五园与清代旗人聚落变迁 116

第二节 清代北京旗人社会生活管窥
——以《成府村志》为例 126

第三节 清代三山五园地区旗人风俗礼仪谱系研究 138

第四节 溥仪内务府时期的圆明园 156

第五节 圆明园窃贼知多少 160

第三章　北京城市史研究

第一节　老北京的节日、寺庙与城市生活空间
　　　　——以《北平风俗类征》为中心　166

第二节　"学术公器"抑或培育新民？
　　　　——民初古物陈列所之创办及其
　　　　社会反响　180

第三节　追寻老北京城墙的历史背影　206

第四节　摩登北京如何可能？　212

第五节　从六国饭店看近代北京公共空间的
　　　　历史演变　218

附　录

附录一　新型城镇化与历史文化景区的
　　　　整体保护
　　　　——以北京三山五园地区为例　246

附录二　传统村落中的非物质文化遗产
　　　　保护机制问题初探　260

参考文献

后　记

第一章 北京非物质文化遗产研究

第一节　非物质文化遗产传承人口述史研究的理论与实践

——以北京为中心*

近年来，文化遗产的保护与利用在全世界范围内引起了广泛的关注与讨论。其中，非物质文化遗产以其独特的传承方式与文化内涵，更是引起了各级政府部门与学术界的高度重视。联合国教科文组织分别于2001年、2003年、2005年、2009年命名了四批世界非物质文化遗产，其中中国有26项。中国国务院也在2006年、2008年、2011年、2014批准文化部分四批公布了国家级非物质文化遗产名录及扩展项目名录。可见国际社会及政府对非物质文化遗产及其传承方式的重视。

非物质文化遗产主要是非物质的、无形的、活态的，以人为载体的。它依靠人的口传心授而世代相传，因此它是活着的历史，也是我们精神生活的一部分。自觉地传承这种非物质文化遗产的人就是传承人，他们是非物质文化遗产的主角。非物质文化遗产的继承大多采取世代祖传、师徒相传的形式，传统文化与技艺因人而存。因此，对非

---

* 本文为2014年度北京市教委社科计划面上项目《北京非物质文化遗产传承人口述史研究》的项目成果，项目编号 SQSM201411417002.

物质文化遗产传承人（以下简称"非遗传承人"）进行认真的调查研究，就成为非物质文化遗产保护的题中应有之义。口述史访谈是近年来史学界较为流行的研究方式，相关的理论与方法仍在探索之中。非物质文化遗产的研究尽管成为当下的热点，然而从口述史的角度对非遗传承人进行系统调查与研究，也是一种初步的尝试。本文将以北京的非遗传承人为考察对象，同时对非遗口述史的理论与实践进行初步探讨。

一、非遗传承人口述史的意义何在？

根据联合国在2003年10月17日通过的《保护非物质文化遗产公约》中的界定，"非物质文化遗产是指那些被各地人民群众或某些个人视为其文化财富重要组成部分的各种社会活动、讲述艺术、表演艺术、生产生活经验、各种手工艺技能以及在讲述、表演、实施这些技艺与技能的过程中所使用的各种工具、实物、制成品以及相关场所。"而有学者认为此定义有一定局限性，如忽视了传承人的主体作用与非物质文化遗产的活态传承特征、传承时限与表现形态等，故而结合中国实际进行了重新定义。他们认为："所谓非物质文化遗产，就是指人类在历史上创造，并以活态形式传承至今的，具有重要历史价值、艺术价值、文化价值、科学价值与社会价值，足以代表一方文化，并为当地社会所认可的，具有普世价值的知识类、技术类与技能类传统文化事项。"①这一定义首先强调的即是非遗的"活态传承"性质,也就是从传承主体来看,非遗项目必须以杰出传承人为依托,没有杰出传承人者不能认定为非遗。这构成了非物质文化遗产明显区别于其他文化遗产的重要特色。非物质文化遗产传承人,是指那些直接参与了非物质文化遗产表演、制作等传承工作,并愿意将自己所知道的相关知识与技能传授给后人的某些自然人或群体。②可以说,非物质文化遗产最大的特点是依托人的有意识的选择与学习而存在,是民族个性、民族审美习惯"活"的显现,往往是以声音、形象和技艺等为表现手段,以口传心授为延续方式,是完全的"活态文化"。因此,我们对非物质文化遗产的保护与利用,其前提应该是对非遗传承人的发掘、尊重与保护。非遗传承人具有传承民族历史知识、传承传统工艺技术、传承传统文学艺术以及民族精神与传统道德等方面的职能,可谓重任在肩。

但是从目前的状况来看,非遗传承人的现状并不乐观。以北京为例,北京联合大学历史文博系的师生于2008年对原城八区的非遗项目做了全面调查,在此基础上也走访了部分传承人,其结果显示:在当时北京92项非遗项目中,保存和传承好的有21项,占23%;较好的有20项,占22%;一般的有17项,占18%;濒危的有34项,占

---

① 苑利、顾军:《非物质文化遗产学》,高等教育出版社2009年版,第12页。
② 苑利、顾军:《非物质文化遗产学》,高等教育出版社2009年版,第67-68页。

37%。（参见表1、表2）

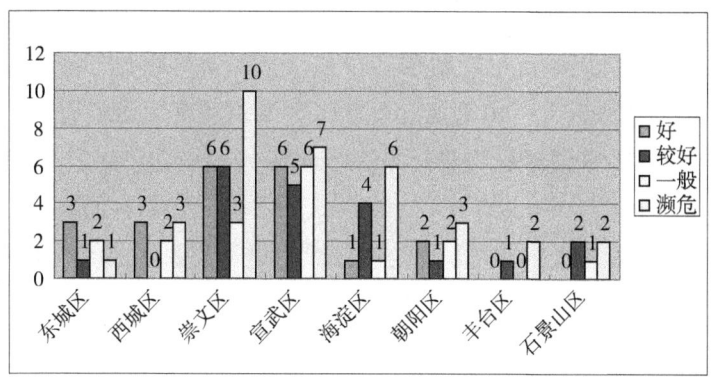

表1 北京原城八区非物质文化遗产生存状况示意图

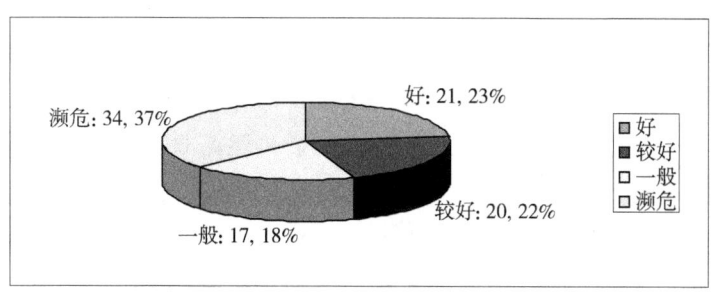

表2 北京原城八区非物质文化遗产生存状况示意图

在北京地区的非遗调查过程中，我们的师生还发现许多项目的传承人已进入老年期，但他们还没有找到也难以找到称心如意的传承人。如果任其发展下去，就很容易因老艺人的辞世而人亡艺绝。某些项目学习周期长、见效慢、效益差，典型的如北京海淀区冠琴绣鞋坊的手工制鞋和绣鞋,是一项比较繁难的民间手工艺,需要较长时间的练习。王冠琴老人今年已经70岁了,视力已经严重下降,家中又没有子女能够传承她的绣鞋技艺。老人曾用各种方法带过20多名徒弟,但由于资金、场地、生活等等问题没有一个能够留下来继承这门绝技,这使老人十分伤心。

在非遗调查过程中,我们发现很多非遗项目都面临着后继乏人的窘境。官方层面也意识到了这一问题,如《中华人民共和国非物质文化遗产法释义》中专门规定了代表性传承人制度并对其认定的条件与程序进行了解释。而据其统计,在2007年认定的第一批226名国家级代表性传承人当中,80岁以上有33名,占总数的14.6%;70～79岁有48名,占总数的21.23%;60～69岁有65名,占总数的28.76%;60岁以上有146名,占总数的64.6%。所以,国家级非遗项目代表性传承人当中耄耋与古稀之年者占1/3。[1]

正是从这一意义上来说,记录和保存非遗传承人的口述实录,不仅具有保护民族文化传承的意义,同时也是在集中抢救一批珍贵的历史文化资料。非遗传承人的口述实录是他们对传统技艺的回忆与思考,他们讲述的自身或家族传承的非物质文化遗产脉络将成为中国民间文化遗产研究的备忘录。口述实录可以填补民间文化遗产中一些事件没有文字记载的空白,从而更好地与文字资料相补充、印证。冯骥才先生曾指出:"历朝历代,除了一大批彪炳史册的军事家、哲学家、政治家、文学家之外,各民族还有

---

[1] 信春鹰主编:《中华人民共和国非物质文化遗产法释义》,法律出版社2011年版,第61页。

一大批杰出的民间文化传承人,后者掌握着祖先创造的精湛技艺与文化传统,他们是中华文明的象征和重要组成部分。当代杰出的民间文化传承人是我国各民族民间文化的活宝库,他们身上承载着祖先创造的文化精华,具有天才的个性创造力……中国民间文化遗产就存活在这些杰出传承人的记忆和技艺里。代代相传是文化乃至文明传承最重要的渠道,传承人是民间文化薪火相传的关键,杰出的民间文化传承人往往还把一个民族和时代的文化推向历史的高峰。"[1]非遗传承人以其独特的人生经历与文化积淀为我们保存了一份珍贵的民间文化档案,是民族文化生生不息的源泉。这也正是非遗传承人口述史的意义所在。

二、非遗传承人口述史的理论探讨

关于口述史的定义,依据国际口述史学权威、英国埃塞克斯大学保尔·汤普逊(Paul Thompson)的说法,口述史指的是"关于人们生活的询问与调查,包含对他们口头故事的记录"。他还强调,"口述史是围绕着人民而建构起来的历史,它为历史本身带来了活力,也拓宽了历史的范围"。[2]当然这一定义至今仍有争议。而梳理口述史学的学术史,20世纪40年代前后成为其诞生的起点。1948年,

---

[1] 刘锡诚:《非物质文化遗产:理论与实践》,学苑出版社2009年版,第140—141页。
[2] [英]保尔·汤普逊著,覃方明等译:《过去的声音——口述史》,辽宁教育出版社、牛津大学出版社2000年版,第24页。

美国哥伦比亚大学的艾伦·内文思（Allan Nevins）教授在该校创立口述史研究中心，运用口述史的研究方法，记录美国显要人物的回忆，第一次使用了口述史的概念。自此，口述史就成为研究当代历史的新方法与新领域，这也标志着现代口述史学作为专门学术领域的确立。[1]因此现在我们所谓的口述史学研究，一般指的是兴起于20世纪40年代前后，到六七十年代在西方各国广泛传播并作为一门独立学科，伴随着"新史学"的诞生而逐步发展起来的专门研究领域。[2]

反观国内的口述史研究，基本上是在改革开放之后才开始逐步发展起来。有论者认为其产生与发展并不完全是接受西方影响的结果。开始阶段是以"历史纪实"或"纪实文学"的形式出现，此后才陆续有专业机构和学者参与到口述史研究中来。可以说，中国口述史学的发展，既有五六十年代官方组织的调查，如对"三大高潮"（太平天国、义和团、辛亥革命）的大规模调查，也有民族学者田野作业中的口述调查，还有借鉴台湾与国外理论而进行的相关研究，因此呈现出"多源并行"的局面。[3]

非物质文化遗产研究与保护是国内近年来迅速兴起的新研究领域。非物质文化遗产作为活态传承的遗产项目，

---

[1] 李向平、魏扬波：《口述史研究方法》，上海人民出版社2010年版，第1页。

[2] 定宜庄、汪润主编：《口述史读本》，北京大学出版社2011年版，导言。

[3] 定宜庄、汪润主编：《口述史读本》，北京大学出版社2011年版，导言。

造就了一大批杰出的传承人。这批人多数因扎根民间而不为人所知,因此与口述史学的草根性质非常吻合。有研究者指出,口述史研究方法的运用,乃是解构了历史研究的权力结构,让社会上没有声音的弱势群体如少数族群、妇女、没有书写能力者或边缘分子,有机会将自我经验通过自我的叙述进行自我呈现。[1]因此,口述史的特点本身即包含着民主性——它一反过去政治史与"精英史"的传统,把历史焦点转向普通民众,体现出明显的大众化趋势,是一种所谓"人民的自传"。而且,口述史还具有合作性,受访者与访谈者之间的相互作用(interaction)也是其特色之一。也就是说历史不再是作为主体研究者的"专利",而是受访者与研究访问者共同合作的"公共产品"。[2]

非遗传承人因其所从事的行业,在传统时代应当属于社会等级的底层。据学者研究,清代社会中,皇帝与宗室贵族、官僚缙绅、绅衿、凡人、雇工人依次构成由上到下的不同等级,其余则属于贱民等级。[3]新中国成立之后,作为"人民"的代表,其地位有所上升,但随着市场经济的发展,他们中的很多人又再次被社会边缘化,从我们的调查访谈中即可得到此种印象。所以非遗传承人口述史符合口述史研究"人民自传"的要求,也体现了新史学的研

---

[1] 李向平、魏扬波:《口述史研究方法》,上海人民出版社2010年版,第7页。
[2] 杨祥银:《与历史对话:口述史学的理论与实践》,中国社会科学出版社2004年版,第11—25页。
[3] 经君健:《清代社会的贱民等级》,浙江人民出版社1993年版。

究取向。

　　口述史学的合作性特色在非遗传承人口述史研究中也表现很明显。我们的口述访谈首先是建立在充分尊重传承人的基础之上的，对其技艺与历史文化传承表示出由衷的敬意。这种合作性配合着影像资料以及现场技艺与表演形式的展示，使得访谈成为一种文化互动与展演的过程，从而成为非遗传承人口述史的重要特色。以手工技艺类非遗传承人口述为例，口述过程中我们一般需要传承人展示该项目的制作流程，介绍细节，进而显示出文化的连续性，揭示我们的民族与民间文化并未断层。传承人所传承的不仅是智慧、技艺和审美，更重要的是一代代先人们的生命情感，它叫我们直接、真切和活生生地感知古老而未泯的灵魂。这是一种用生命相传的文化，一种生命文化。它的意义是物质文化遗产不能替代的。

　　除此之外，在口述史所面对的挑战中，记忆是否可靠以及受访者的主观感情因素等都是学界经常讨论的话题。非遗传承人口述史介绍的多数都是民间文化工艺及其家族传承，尤其是大量的手工技艺与曲艺、表演等，从内容上看基本是中性的。因此，我们的口述访谈可以避免在著名人物或政治人物口述中出现的隐讳或失真现象，并可以将口述史生动性的一面很好地发挥出来，将关注点聚焦到非遗项目传承人所体现的"文化过程"的脉络上来。

　　十年前即有学者提出要"构建中国特色、中国风格与中国气派的口述史学"①，我们认为，非遗传承人口述史的研究正是朝着上述目标而努力。将本民族与民间文化中原生态、底蕴深厚的文化事项通过传承人生动的讲述而保存下来，这正是非遗口述史的中国特色。也就是这些千百年来一直活跃在民间的歌手、乐师、画工、舞者、戏人、武师、绣娘、说书人，各类高明的工匠以及各种民俗的主持者与祭师们，使得我们古老的文化得以延续。他们的身上承载着大量的历史讯息。特别是这些传承人自觉而严格地恪守着文化传统的种种规范与程式，所以往往他们的一个姿态、一种腔调、一些手法直通着远古，常常使我们穿越时光，置身于这一文化古朴的源头里。所以我们称民间文化为历史的"活化石"，而传承人就是"活化石"中的精灵，传承人口述史则是将"活化石"具象化，通过传承人的个体生命史揭示其变迁历程，为民间文化争取更多的生存空间。

三、非遗传承人口述史的具体实践——以北京为中心的分析

作为首善之区，北京的非物质文化遗产项目众多，近年来也备受社会各界关注。对北京的非遗项目进行全面摸底调查并建立数据库成为当务之急。上文提到的调查成果

---

① 周新国：《构建中国特色、中国风格与中国气派的口述史学——关于口述史料与口述史学的若干问题》，《当代中国史研究》2004年第4期。

即是我们的初步探索。同时，为非遗传承人留下珍贵的历史记录与影像资料，也是北京非遗研究的重要内容。①

在众多的北京非遗项目中，我们首先选择了极具特色的手工技艺类项目。正如有学者指出的，在当前人文学科"人类学转向"的大背景下，中国非物质文化遗产体系研究应该"眼光向下"，关注本土的、民间的和传统的地方性知识，以前现代人类文化的多样性来反思全球一体化所隐藏的危机和高风险性，为人类的未来留存多元化选择的可能。而且，知识、技术乃至科学，不一定就是书面的文字记录。非物质文化遗产背后存有一套深厚的民间文化知识体系，其中既包括与现代"识字"观念相对应的传统"识事"观念，也包括今天西方"科学"视野之外的民间手工技艺技能。这套价值重大的知识体系经由身体实践在一代又一代的人们中间达成完整传承，体现了"知"与"行"的高度结合。②手工技艺类非遗项目正很好体现了这一特色。在北京的手工技艺类非遗项目如景泰蓝制作工艺、荣宝斋木版水印、琉璃渠琉璃制作技艺、北京雕漆、象牙雕刻、玉器工艺、硬木家具、绒布唐工艺、内联升手工布鞋制作技艺、风筝与绣花鞋制作技艺等等，可谓展现了老北京传统社会

---

① 2012年6月，北京联合大学应用文理学院被北京市文化局授予"北京市非物质文化遗产研究基地"。随后，受北京市非物质文化遗产保护中心和首都师范大学出版社委托，以北京联合大学文化遗产研究所、北京联合大学应用文理学院历史文博系为主要研究力量的团队正着手进行北京市非物质文化遗产传承人口述史的研究工作。

② 李菲：《开创非物质文化遗产理论体系的中国范式》，《中国社会科学报》第260期，2012年1月30日。

行业与生活的方方面面，是传统社会生动的教科书。它们既是北京历史发展的见证，又是京城珍贵的文化资源，也都入选了北京市非物质文化遗产名录。而且，在北京市已经公布的三批共计212项非遗名录中，手工技艺与传统美术类非遗项目共计99项，占非遗名录总数的46.7%，接近一半。因此，我们认为，首先对手工技艺类非遗项目及其传承人进行调研与口述史访谈具有一定的理论意义与现实意义。

以笔者进行口述史访谈的聚元号弓箭项目来看，口述访谈对于揭示传统手工艺的历史脉络尤其是生动的历史细节、把握其工艺流程的关键环节等都具有不可替代的作用，这些无疑为我们保存了一份珍贵的民间文化档案。

聚元号是北京地区唯一一家流传至今的中国传统弓箭制作老字号，有着三百多年的历史。清代满人的"国语骑射"传统，使得弓箭制作业有着特殊地位。聚元号其实就源自清代内务府造办处（即匠作处）所设的弓作，而据史籍记载，这一历史可以追溯到康熙年间。道光年间，聚元号作为清代弓箭大院的成员又搬到了位于东四的大院，专供皇家与各大衙门选用。直到清末，弓箭大院才成为民间作坊，聚元号弓箭也开始了自己的家族传承之路。聚元号弓箭的第十代传承人——杨福喜先生，现如今已是国家级非物质文化遗产项目传承人，他制作的弓箭远销欧美各国。

在北京通州台湖镇北姚园村杨福喜先生的家——也是其弓箭作坊所在，他接受了我和几位本科生的多次访谈，为我们娓娓道来聚元号的前世今生。

走进杨福喜的工作室,首先映入眼帘的就是那张道光年间的弓。弓箭上面还烫着火印,字迹清晰可见。据杨福喜讲,这张弓是聚元号的老掌柜为了纪念聚元号弓箭铺成立100周年而制作的,也是聚元号的"镇室之宝"。从"道光三年毅甫制"的款印及铭文解释来推断,聚元号的初创年代应在1720年至1721年间。

在口述访谈中,聚元号弓箭传承人杨福喜除为我们详细介绍其家族传承的渊源之外,还着重介绍了弓箭的制作流程与技艺,让我们大开眼界。据杨福喜介绍,制作一张完整的弓箭需要200多道工序,20多种材料,让人叹为观止。他现在制作一批弓10张至12张,一般需要花费三四个月的时间,果然是"慢工出细活"。一张弓的制作成型,必须经历选材、制作(又分为"白活"与"画活")等过程,而这些过程很多都是靠老艺人的口传心授而逐步流传的。从做弓所用的两湖地区的水牛角与江西的竹子,到牛筋、猪皮鳔、桦树皮,再到箭杆所用的"六道木",还有箭尾所用的法国鹅毛,单是这些材料已经让我们叹为观止。其中猪皮鳔的发明,还与弓箭大院的小伙计在饭后的偶然发现有关,由此可见手工技艺背后隐藏着民间的智慧。更不用说制弓胎、制牛角、铺筋与打弦等流程及其工具,还有所谓的"白活"与"画活",这些技艺与流程其实就存在于艺人的举手投足之间,很多工艺其实很难"与外人道也"。他们以家族内部传承的方式诉说着过去的历史,也将珍贵的民间手艺代代相传,使民间文化逐渐发扬光大。在我们的要求下,杨福喜边演示边解说,将复杂的工艺流程完整地展现在我们面前,为我们提供了书本上根本无从了解的细节,这也正是口述访谈极具价值的地方。这些影像与口述资料无疑将成为宝贵的文化遗产,供学术界加以研究与利用。非物质文化遗产保护强调的传承人的作用及其活态保护,在这里其意义得到了明显的体现。

四、余论

非物质文化遗产的概念及其保护理念被引入国内后,得到了政府与社会各界的大力推动,各级非遗保护名录应运而生。然而,如何有效加强对非物质文化遗产学的研究,构建非物质文化遗产理论体系,从而更好地对非遗项目加以保护与合理开发利用,都是学界需要面对的问题。有学者提出非物质文化遗产的保护方法,其中重要的一项内容即是"确立非物质文化遗产传承人口述史调查制度",从而更好地了解文化遗产的传承方式、制作方式,包括其产生与传承的背景,尤其是传承人作为一个普通百姓的生活实情,他们的人生观、价值观以及他们对文化遗产的看法。[①]从我们的实践来看,将非遗传承人口述史调查作为非遗项目的保护方法之一并将其制度化,不失为一种较好的选择。我们认为,中国非物质文化遗产学必须是一门具有鲜明可操作性的学问,要解决好如何"落地"的问题。

[①] 苑利、顾军:《非物质文化遗产学》,高等教育出版社2009年版,第56页。

因此要形成一系列切实可行的研究思路，包括建立中国的非物质文化遗产认证体系、分类体系、管理体系、遗产价值认知体系等，同时还要在本土经验中找出非物质文化遗产的传承规律。学理探索只有与现实密切结合，才能解决中国的遗产问题。在此过程中，通过口述访谈揭示其传承谱系，研究其传承规律并保存大量一手资料，正是推进建立非物质文化遗产体系"中国范式"的重要途径，需要我们长期不懈的坚持努力。

第二节 聚元号弓箭制作技艺非遗传承人口述史

一、田野手记

2013年3月,在一个阳光明媚的春日,我们一行人风尘仆仆来到了位于通州台湖镇北姚园村——聚元号弓箭传承人杨福喜先生的工作室,也是他现在的新家。地铁八通线坐到头,下了地铁找公交,因为不知道怎么走,我们只好打了个黑车。从地铁站到北姚园村也不算近,一路上司机不停地问具体在北姚园村哪里,我们也说不上来,只发现沿途有很多高大的杨树,还有不少鱼塘(据村民讲这里不少人养金鱼)。终于进了村,司机一打听,一位大爷顺手一指,"你就去找红色两层的小楼就是了"。于是又拐了几个弯,我们终于见到了颇有侠士风格的杨先生。须发飘飘的他显得分外英武,步履矫健,说起话来中气十足。身后站着他的儿子杨燚,一个身材魁梧的戴着眼镜的小伙子,也是聚元号的未来传人。

寒暄过后,杨先生和他的儿子领我们进屋,一抬眼就看到正对大门的墙上挂着聚元号的金字招牌,还有国家级与市级非物质文化遗产项目的授牌。侧面墙上装裱着一些

图1　通州台湖镇北姚园村的聚元号弓箭工作室

图2　聚元号工作室内景

老照片，讲述着杨家弓箭的历史。（图1）

屋子里摆放着一些弓箭，最吸引人的莫过于那张道光年间的弓了。据杨福喜先生讲，这张弓是聚元号的老掌柜为纪念聚元号弓箭铺100周年而制作的，当时是道光三年（1823），上面还烫着火印，"道光三年毅甫制"几个字清晰可见。"文革"时这属于"破四旧"的对象，于是杨家人将其从中间给锯开，藏在劈柴堆下面才躲过一劫。20世纪80年代，杨福喜的父亲又重新把他给修复好，现在算是国家级文物了，也算是"镇室之宝"。

进屋没多久，很快从侧室传出来几声狗叫，后来无论是采访还是聊天，不时的犬吠都一直伴随着我们。还有几只在屋里到处游窜的小猫，据杨燚讲，小猫一家都两代了，是这个家里的活跃分子。此后采访杨燚的时候，小猫也不时过来搭腔，与主人相处很和谐。（图2）

隔间还有工作室，堆放着很多材料和现代的切割工具，居然还有兔子的身影，这里还真是小动物的乐园。后面的小院子是杨先生一家人的居室，是几间普通的平房。透过这些我们看到了聚元号作坊扑鼻而来的生活气息，就是在这里，聚元号的一支支弓箭进入国内外弓箭爱好者与收藏者的手中，也传承者几百年来面临失传的弓箭文化。

二、传承人简介

聚元号是北京地区唯一一家流传至今的中国传统弓箭制作老字号，有着三百多年的历史。聚元号弓箭传承人杨福喜，1958年生于一个弓箭制作的世家。杨福喜的爷爷杨瑞林是聚元号的第八代传人，在清末正式接手弓箭铺，传到杨福喜已是第十代了。在杨福喜出生的1958年，聚元号弓箭因为公私合营而被合并到北京体育用品厂，逐步没落下去。而此后的各种政治运动尤其是文革，也让聚元号的弓箭制作长期陷于停顿状态。

杨福喜与大多数20世纪50年代出生的北京孩子一样，上了小学、中学，中学毕业后去北京顺义县的龙湾屯插队，回城后在北京化工二厂当工人。这在当时也算是很多人羡慕的职业了。这一干就是十几年，从1979年进厂，到1992年股份制与市场化改革才离开。当然，杨福喜生来就不安分，他说自己很早就想跳槽，但当时单位卡着档案没办法，所以他承认是改革开放给他带来了机会。起初他也想恢复弓箭技艺，甚至想弄一个射箭的娱乐项目，但走访了很多单位，人家根本不买账，也不想担责任，于是只好作罢。他随后去考了汽车服务证，开始开出租，直到1997年交车。此后，杨福喜仍然"贼心不死"，还想做弓箭。1998年，在父亲杨文通的协助与鼓励下，杨福喜下决心开始认真学习制作弓箭。父亲一步不落地向杨福喜讲述了制弓工艺。借来了房子，补充了材料，经过一番准备，在当年的6月6

日,杨福喜与父亲一起,把摘下来40年的"聚元号"牌匾,重新挂了起来,开始了新一轮的艰苦创业。起初可谓举步维艰,从弓箭制作的材料到市场,每一步都是难题。好在杨福喜从小耳濡目染,对制作技艺有着天生的痴迷与热情,正是凭着这股痴劲,当然也有热心人的帮助与指点,让他一直坚持到现在。

随着学界与政府部门的关注,聚元号在新世纪里逐步打开了市场并远销海内外,聚元号的弓箭也被多家单位收藏。2003年10月,聚元号全套作品被香港海防博物馆收藏;2005年4月,聚元号传统角弓、竹弓各一套被中国艺术研究院收藏;2005年8月,聚元号全套作品和全部制作工具的复制品被北京民俗博物馆收藏。真所谓"功夫不负有心人",2006年,在一批学者及杨福喜自身的努力下,聚元号弓箭正式被批准为国家级非物质文化遗产项目,杨福喜也正式成为国家级非遗项目的传承人。多家国内外媒体对杨福喜进行了采访,这也给杨福喜带来很多荣誉。2007年杨福喜被评为"非遗杰出传承人";2009年杨福喜在北京民间艺术家协会第五届会议上当选为理事;2010年杨福喜被聘为杭州传统射艺顾问。这些无疑都为聚元号弓箭技艺的发展与传承打开了新的局面,自此聚元号弓箭的发展也进入了新的历史轨道。

三、口述访谈

（一）聚元号的历史
1. 开弓已是三百年

作为冷兵器时代杀伤力最强的兵器，弓箭有着悠久的历史与深厚的文化底蕴。中国的弓箭文化可谓源远流长，从后羿射日的传说到《山海经·海内经》中"少皞生般，般始为弓矢"的说法，《墨子·非儒》中"古者羿作弓"的论断，可见先秦时期人们对弓箭及其文化早有认识。古人将弓箭的发明归功于原始社会时期的某个帝王，也许是出于对先王的崇拜，并非具有事实意义；另一方面也说明弓箭的发明历史久远，后人已无法准确记述其发明者与发明年代了。尽管如此，依据上述文献或传说，我们基本可以认为，中国早在史前时期即已发明了弓箭。

而先秦史籍《考工记》中明确记载的传统弓箭的制作方法，则被后世奉为经典。此后宋代沈括的《梦溪笔谈》、明代宋应星的《天工开物》及至清代《大清会典事例》，多有承袭。例如《天工开物》记载，"凡造弓以竹与牛角为正中干质，桑枝木为两梢。弛则竹为内体，角护其外；张则角向内而竹居外。"一句话即点出了弓箭制作的基本原料与"下弓"、"上弓"之法，精当实用。当然，这种文字形式的记载对于大部分民间工匠来说，不一定会有影响。因为古代的大部分制弓匠多以手口相传的方式传授其手艺，徒弟们一般也不会去追问这种手艺的来龙去脉。这也正是弓箭制作技艺作为非物质文化遗产的价值所在,它作为一种活态传承的手艺流传了下来而并非仅仅存在于文献中。

说起聚元号弓箭铺的历史,我们不得不追溯到清初,真可谓"开弓已是三百年"。清朝以武力定天下,开国之初即强调"国语骑射",因而弓箭在清代有着特殊地位。顺治二年(1650)的圣谕明确指出"我朝原以武功开国,历年征讨不臣,所至克捷,皆资骑射。今幸荷天庥,得成大业,虽天下一统,勿以太平而忘武备,尚其益习弓马,务造精良。"① 纵观清代,满族人尤其看重弓马骑射的民族传统,这也是科考武举考试的重要内容,弓箭文化在清代发展到又一个高峰。

聚元号弓箭铺的历史就跟当时重视骑射的政策有关。查阅相关文献可以发现,康熙年间,清廷内务府造办处(即匠作处)设弓作,这是弓箭首次拥有合法的官方身份。此后,清代皇室专门设立了自己的兵工厂,其中就包括专门制作弓箭的"弓箭大院"。在此之前,聚元号应该是在造办处,杨福喜先生的解释也与此相合,他说"最开始我们不在弓箭大院,到弓箭大院我们是在道光三年。刚开始我们跟着清军入关,到了北京以后给我们安排在故宫西华门,北边一点有一片院子专门是造办处弓作,得有40几间,分属于不同的部门,比如说兵部的,礼部的,九门提督。分的量很大,其中有两三家专门是给宫里的。宫里人很多了,皇上一出去,浩浩荡荡的,每给人都给配弓的,所以需要

---

① (清)鄂尔泰等修,李洵等点校:《八旗通志》卷三十《兵制志六》,东北师范大学出版社1985年版。

量也很大的,像当时的宦官都有的"。这也可以解释为何杨家保存的那张弓是道光三年制成的,从造办处迁往东四的弓箭大院,这一年对于聚元号果然有着特殊的意义。

清代对弓箭的制作与管理非常严格。据学者研究,清廷要求制成的弓箭在箭体上标记人名,一般是使用者的姓名。其次,对弓箭制作实行奖惩制。头等、二等及至五等弓,赏罚分明。前三等为质量优异者,弓匠授赏银。后两等的制作者则要受责5鞭至10鞭不等。再次,对弓箭数量的配给、弓箭的价格与弓箭的制式等都有明确规定。[①] 杨福喜先生也提到,"弓箭制作的规定很严格,那时候我们在给宫里面做的时候,原材料都是统一配发的,好比每年的春天,宫里就开始给我们发原材料。比如说牛角、竹子、牛筋都是等量的,要做多少张弓给你多少东西,都是有死数的。好比说给你100套弓箭的东西,你做出来95张弓,废了几张没事。你别说废5张弓,废50张弓都可以,这不算是错,但是东西不能少,少一样那都是了不得的漏子了。所以那时候管控得非常非常严格。"他还提到,清代似乎只让镶蓝旗的旗人做弓箭,这也是规矩。

弓箭大院内的弓箭铺都属于皇家专有,从业者大多为皇亲,以满族为主,其产品均上交兵部、礼部、户部等,不得外卖。当时,聚元号做的弓以供应皇宫为主,定期由宫中按弓箭大院的人数发放钱粮。这些人地位虽不高,但待遇丰厚,自觉比寻常老百姓优越得多,基本上衣食无

[①] 仪德刚:《清代满族弓箭的制作及管理》,《广西民族学院学报》(自然科学版) 2004年第3期。

忧，弟子中也有纨绔者。鼎盛时期的弓箭大院共有27家作坊，计300多名工匠从事着弓箭生产制作，每月产量达到500张以上。他们生产的弓箭制作精良、画工优美，除补充八旗兵丁的武器装备外，主要供应清朝皇族贵室狩猎玩乐。聚元号弓箭铺也是其中之一。

据聚元号第八代传人杨瑞林先生回忆，清末北京的弓箭大院位于东四十字路口的西南角。大院分设南、北两个大门，一个在东四南大街清真寺边上，称南大门；一个在猪市大街上，称北大门。当时禁止闲杂人等入内，两个大门各有更房及护卫。之前是皇家作坊，属于"净地"，女人不得入内。直到1900年左右，弓箭大院沦为民间作坊以后才允许女人出入，并有女人参与制作。弓箭大院内部由横三条、竖三条胡同构成，形成棋盘式建筑格局。聚元号、天元号、广生号、隆生号、全顺斋、天顺成等弓箭铺均位列其中，据传聚元号因有乾隆皇帝御赐匾额而位居南大街的第一铺面。

虽然有这些说法，但由于年代久远，又无专门的文献资料可供查询，所以对聚元号的传承脉络，我们更多是依靠现在在世的聚元号传人的回忆以及保存至今的部分物证进行统计。聚元号到今天已流传了近300年，历经十代传人。上文提到的聚元号"镇室之宝"，从"道光三年毅甫制"的款印及铭文解释，如果这把弓是为了纪念聚元号弓箭铺开业100周年，那么可以初步推断，其初创年代应在1720年至1721年间。

2. 杨氏接管聚元号

清末，洋枪洋炮的冲击使弓箭逐步淡出了中国军队。清朝国库空虚，这些皇家弓箭铺也沦为民间作坊。现在所能追溯的最早的聚元号传人是当初将聚元号变卖给杨家的王氏。王氏为聚元号第七代传人，同行称其为小王。王氏夫妇不能生养，后来又抽大烟成瘾，家境衰败，无心经营弓箭铺。山穷水尽之时，只好将祖业变卖。王氏夫妇吸大烟成瘾到什么程度呢？杨福喜先生提到一个细节，小时候爷爷给他讲，半年之内他们家天天能发现死耗子，为啥呢？因为这两口子在屋子里天天吸鸦片，连耗子都上瘾了。后来这屋子里没人吸鸦片，这耗子都受不了，纷纷毙命。可见清末鸦片吸食的泛滥，也使很多人陷入穷困潦倒的境地。

在这一背景下，果断出手盘下聚元号的是杨福喜的祖父杨瑞林（1884—1968）。杨瑞林是满洲镶蓝旗人，他的岳父曾经担任王府的管家。据杨福喜先生的说法，按照师承关系来说王氏算是杨瑞林的师叔，在一个胡同里经营过弓箭铺。杨福喜先生讲，"我爷爷跟着我大爷爷学得手艺，他们一共是兄弟三个，我老祖死得很早，我爷爷12、13岁的时候，我老祖就死了。我爷爷就跟着他大哥学得，他大哥比我爷爷大20多岁。学了七八年，我爷爷接手聚元号的时候，已经21、22岁的样子。也还算年轻，在掌柜的里面算是年轻的。以前的聚元号跟我大爷爷的铺子都在一条胡同里，我爷爷平时跟着聚元号的徒弟、伙计的关系都非常好，尤其跟那些小徒弟岁数差不多，一起玩。完了他进聚元号好像很顺理成章的，而且把聚元号的弄得不错。"

20多岁时,杨瑞林已在弓箭行业中小有名气,弓箭制作的200多道工序都做得有模有样。但苦于自己没有铺面,平生所学难以施展。1911年,杨瑞林在亲友帮助下筹款40块大洋,从王氏夫妇手中接过聚元号铺面,正式成为聚元号第八代传人。杨瑞林得到这个店铺后,又增加了一些品种,使聚元号增色不少,如:弩弓、弹弓、弹弩、神箭、匣箭、箭枪等。另外,他还特别重视招贤纳士,为此不惜重金聘请原聚元号的两个老伙计,也是所谓的技术骨干。其中一个是前清的老秀才,大伙称他为"沈六师傅",大号沈文清。他可以说是聚元号的核心人物之一,手底下的"白活"(即粘制牛角、牛筋和装配弓梢、弓把等)是出类拔萃的;另一个老伙计名叫周纪攀,他的"画活"(粘桦树皮、粘图案、上油漆等装饰过程)在弓箭大院里也是一流的。他们齐心合力,聚元号自此声名鹊起。他的作品曾于民国初年获过奖,[①]国民政府为其颁发了奖状,但因其奖状上有国民党的印章,家人于"文革"时将其烧毁。杨瑞林对聚元号确实投注了很多心血,经营有方,加之位置很好,很快生意就红火起来了。杨福喜先生给我们讲了他爷爷白手起家的故事:

(爷爷经营得)很成功,一个是他年轻,他脑子也比较活。像增加其他的品种,像那时候做弓箭的,不屑于做弹

[①] 之前有报道称聚元号在民初的巴拿马博览会获奖,但笔者查阅相关文献似乎并无聚元号的记载。杨福喜先生在访谈中也提到这个说法不太确切。

弓，那属于玩物。我爷爷的原则是只要能卖钱我就做，一般人不做，我爷爷是只要能卖他就做。这么把铺子搞得不错。你像现在咱们的出租车司机，拉客人到旅游景点都有回扣的。实际上我爷爷那时候（也这样）。1905年，我爷爷就给拉洋车高额的回扣。买弓箭的人，大部分是外国人，还有正义路口那儿，叫六国饭店，楼下一堆拉洋车的，他拉着老外满北京转，什么东西新鲜好玩儿，他就给你拉哪儿去。譬如他拉到我们这聚元号弓箭铺，比如我这一张弓我卖一万块钱，你就别管了，这拉洋车的往外说，他说一万一，就一万一，他说两万就两万，老外掏钱的时候你别拦着，他拉洋车的把老外送回去以后，他来拿他那份钱。一万块钱人家放下两万，给人家一万。您别心疼，因为很多人觉得我辛辛苦苦做一张弓，你这没几分钟跟这说说就挣一万块钱，心理很不平衡，很多人做不到这一点。我爷爷想你要不这么做的话，你一个也卖不出去，你这么做的话，你卖出去了。

度过了创业初期的难关，聚元号开始了平稳的发展。可就在他们准备把买卖做得更大的时候，日本军队占领了北平。在日军的铁蹄下，老百姓的生活根本没有保证，这时期，聚元号也是入不敷出，几乎到了不能维持的地步。就在杨瑞林为生活一筹莫展的时候，他又得到了一个好心人的帮助。杨福喜先生提到，当时有一个老爷子跟他爷爷关系非常好，这个老爷子在贝满女中当老师（大概是体育老师),当时的贝满女中是名副其实的贵族学校。① 于是,凭着这层关系,老爷子先让学生们去买弓,练了两月之后又让他们去买弹弓。贝满女中好几百学生,都是有钱人家的孩子,于是聚元号的弓箭又旺销了。可见,在清末民国,本来传统弓箭的市场萎缩了,而聚元号却是一枝独秀。杨瑞林的经营策略是主要面向高端消费群体,除了外国人之外,一些贵族学校的学生也成为其招揽的对象。通过这些事例,我们可以看到在晚清民国的转型年代,一个从事传统工艺的生意人如何顺应时势求得生存与发展,也带给我们很多启示。

关于杨瑞林,除了一些口耳相传的家族记忆之外,我们还找到了几幅珍贵的照片。其中一张正是站在弓箭柜台内的杨瑞林的照片,这是现存于聚元号最老的一张照片,摄于1935年,摄影者是一位英国女士。当年,聚元号制作弓箭都在弓箭大院,一位英国的女士慕名前来买了几张弓,买完之后她为了留念拍了这样一张照片(图3)。多亏摄影术的发明,给我们留下了难得的影像资料。这也印证了外国人正是聚元号的主要消费群体之一。照片上所见的两人站在当时的开放式柜台里,左边老者即是杨瑞林,右边的孩子是当时只有5岁的杨福喜的父亲杨文通,也是后来聚元号的第九代传人。

---

① 贝满女中,又称"贝满中斋",基督教新教教会学校,北京最早的西式学校,也是北京最早的女子中学。1864年由美国公理会创办,1941年被日伪改为北京第四女子中学,1945年恢复原名。1952年改为北京市第十二女子中学,现为北京市第一六六中学,知名校友有冰心等。

图 3　20 世纪 30 年代的聚元号弓箭铺

图 4、图 5　1942 年弓箭大院内制作弓箭的杨瑞林

图4、图5两张照片摄于1942年,地点是弓箭大院。照片上的主人公是正在制作弓箭的杨瑞林。他正在压板上勒牛角,神情相当投入。当年有个规矩,压板一定要放在店外面,不能进屋,因为它是马,马是不能进屋的。这也成了弓箭铺的标志物,路人打从这家走过,看到门外有一张压马,便知这是家弓箭铺子。

从照片我们可以看到杨瑞林作为聚元号掌门人的风采(图6),应该说聚元号的成功也正是在这一时期奠定的。

图6　20世纪40年代正在工作的杨瑞林

3. 新中国成立初期的辉煌与没落

1949年新中国成立,聚元号的发展也进入新阶段。世易时移,从后来了解的情况来看,新中国成立初期尤其是1956年社会主义改造与公私合营之前,聚元号的发展还是很不错的。杨福喜先生为我们做出了生动的描述:

> 新中国成立初期,尤其是从1952年、1953年开始,我们聚元号就当时来说达到了一个顶峰。那时候一个是国家刚刚解放,还有一个是毛主席号召大力发展体育运动。还有一个原因促成发展,那时候中央号召一个除四害,麻雀都算是一害,打麻雀。我经历过,很多人买这种弩弓。大量的人买弩弓打麻雀。到什么程度呢?我拿着板材刚下锯,那边给钱了。那时候什么装饰都不要,好使就行,非常的火。当时全家男女老少齐上阵,收入也相当可观。
>
> 还有一个是我们家给蒙古订的常年的供货合同,当年的北京市进出口公司,常年的合同。这都是给人家做的,50年代初期,每月30号,当时的售价是38块一套弓箭,一个月30套。就光这一项,每个月我父亲和我四大爷带着这些弓在蒙古使馆,现在的宋庆龄故居,把货给他兑换一张支票,这是比较稳定的收入。因为蒙古那也有做弓箭的,蒙古那材料没有。不像现在,现在世界各地的材料都可以买到,那时候材料比较难找。那时候的羊角很短,要一个一个的接,做出来的弓箭非常次,所以他们很早就使用中国的弓箭。民国时期北平这些做弓箭的他都知道,当时院里有四家做的,他说你们每家做两张弓,他挑最好的。我

们家做出两张样品来,当时不允许打字号的,人家一挑就挑到聚元号的。我们的弓符合人家的要求,最后就订下来了。每月30号,因为做这个弓很难,我们家供应不上,就让其他的几家也做,做了以后把我们的字号写上,这样就把四家都带活了。我们家只做12个,剩下的那几家有做8个的,有做6个的,这样就一直做到公私合营。那时候没有合同法,如果按照现在的话,人家就可以起诉了,那时候我不给你做就不做了,也不管怎么着了。

图7　20世纪50年代公私合营之后站在弓箭铺外的杨瑞林

随着社会主义改造政策的推行,聚元号很快也迎来了公私合营与改造(图7)。1956年北京实行社会主义改造,杨瑞林很开通,他带领全家首批参加了公私合营,成立了"第一体育用品联社",即后来的"北京第一体育用品厂"。(图8)为此,杨瑞林受到政府部门的表彰,还曾作为公私合营的代表参加了中南海怀仁堂的表彰会,并颁发了奖章。与党和国家领导人的合影成为老爷子日后津津乐道的话题。当时杨瑞林已经70多岁了,两年之后他就从工厂退休,他的儿子杨文通则成为厂里的技术负责人。

图8　1957年聚元号全体工人与青海体委工作人员合影
（前排左一杨瑞林，后排左一杨文通、左二杨文鑫）

在此之前，杨文通已经在弓箭制作与经营方面崭露头角。1951年，当时的天津海关给北京聚元号发来传票，投诉聚元号的弓箭质量有问题。杨文通感到兹事体大，事关国家名誉，他立刻赶往天津，想当面看个究竟。原来英国人不懂得中国传统弓箭的使用方法，交货时弓箭没有上弦，英国人以为这些弓箭不能使用，故而产生了误会。杨文通当着众人的面，用了一个漂亮的"回头望月"，眨眼之间，弦便被上到了弓上，经过试射，性能非常好。而他娴熟的变魔术一般的动作，赢得在场人员的热烈掌声。那几名英国人也急忙站起身来，向杨文通鞠躬表示歉意，由此也让这些外国人对聚元号刮目相看。经过这一事件，英国人对聚元号加深了信任，事后还通过北京市进出口公司与聚元号签订了常年合同，每年定期从聚元号定制弓箭。杨文通为聚元号赢得了广泛声誉，也让更多人重新认识了聚元号。

然而好景不长，因为公私合营，聚元号的经营模式很快遭遇到了挑战。杨家人的经营之道与公有制大锅饭的体制还是有些格格不入。杨家人进入工厂可算是技术入股，起初厂里给他们的待遇还不错，但就因为这种差别待遇引起了其他工人的不满。据杨福喜先生讲，"厂长对我们家很优待，跟我爷爷定的工资每月月薪是90块钱，那时候一个区委书记一个月才32块钱。我父亲、我大爷他们是45，给他们按照全民所有制的待遇。我母亲她们发的工作服都不一样。工厂里其他工人都不服，他说我也干活了，你怎么拿75，我怎么拿25，这不公平。"从杨家人的角度看，正如杨福喜说的"在我们家做的时候，我们一张弓投入4块钱，我们挣38块钱，但是到了工厂以后他还是38块钱，他的投入就不只38块钱了，有房费、工人工资、有管理人员……"于是杨家再接活他们就得涨价，不然入不敷出。公私合营以后他们还做了几批，第一批赔了；第二批给人家涨到48，不赔不赚；第三批给人涨到58块钱；等再涨，人家受不了了，于是这弓箭也做不下去了。因此，在历经新中国成立初年的短暂辉煌之后，杨家留在体育用品厂的几位工人逐渐不再制作弓箭。1968年，杨瑞林带着无尽的遗憾离开了人世，聚元号的发展也进入了谷底。

此后，杨家人与工厂也都经历了"文革"那些风雨如晦的日子。在那场政治风暴中，东四的弓箭大院成了"破四旧"首先冲击的对象，聚元号保存的一些订货单、金字牌匾都被付之一炬，说起这些杨福喜也是一脸的无奈。"文革"时期，弓箭不能做了，厂子里的杨家人都改了行，做起了乒乓球拍子、象棋、羽毛球。看到这种情况，杨文通非常失望，毅然离开了体育用品厂，另找个单位做起了木工。辗转了几处后，进了北京市水利局，多年后退休。

4. 杨福喜重整旗鼓

通过访谈及相关资料，我们得知，在杨瑞林身后，第九代传人共有三位，分别是杨文通（满族，1931— ），杨文鑫（满族，1926—1969）和张广智。杨文鑫于1969年因肺癌病逝，其子女无人习学弓箭制作技艺，所以"聚元号"这一支传人就此断绝。张广智是杨瑞林的大徒弟，但他与杨家失去联系多年，估计也已失传。唯有杨文通一支，将其技艺传授于三子杨福喜，得以延续。杨福喜正式成为聚元号的第十代传人。

杨家子女众多，杨福喜排行最小，也很爱玩。可能是家庭熏陶的缘故，他尤其喜欢弓箭。在他6岁那年，上学前一天，爷爷曾郑重地交给他一把小弓，和蔼地说："这把弓以后就是你的了"。他难掩心中的喜悦，与小伙伴们在弓箭大院尽情玩耍，那也是他童年最快乐的时光。他记得那把弓上刻着聚元号的字样，一颗热爱弓箭文化的种子从此在他心中生根发芽，他由此也与弓箭结下了不解之缘。（图9）

图9　杨福喜与父、母、妻子的合影

虽然喜欢弓箭，但在 40 岁之前，杨福喜对弓箭只能算是"票友"，也并未将弓箭作为终生的事业来看待。杨福喜 1958 年出生在北京东四的弓箭大院，此后也是一路上小学、中学，但他并不安分。杨福喜说，他那时就想做些跟别人不一样的事情，很小的时候他就有这个意识。

"文革"后期，学校一片混乱，各种运动如火如荼，杨福喜却没有随大流，而是老老实实跟着父亲做木工、打下手，为街坊四邻做家具。弓箭虽然不做了，但木工手艺活还是有市场的，别人结婚盖房子，家具总是需要的。这段经历对杨福喜日后的弓箭制作也是一个重要的铺垫，他聪明又肯吃苦的特点渐渐展露出来，父亲也大感欣慰。这估计也是杨文通日后决定让杨福喜来继承聚元号弓箭技艺的一个原因吧。中学毕业后，与大多数同龄人一样，杨福喜去农村插队，接受贫下中农再教育，他去的是顺义的龙湾屯。龙湾屯现在是个镇，在顺义的东北部，三面环山，景色宜人，是个环境非常不错的地方。这里现在也是京郊生态旅游的热门去处之一，山地较多，果树种植面积一万多亩，发展生态旅游很有潜力。这里的焦庄户村是第五批"中国历史文化名村"，也是北京市第四个获此殊荣的村庄。焦庄户村有地道战遗址纪念馆，看过《地道战》的朋友可能对此有印象。但知青插队时，这里的情况就不那么乐观了。当时实行的是人民公社制，集体干活挣工分，吃大锅饭。一个插队知青所挣的工分也没几个钱，有时都挣不到回家的车票。但杨福喜没有叫苦，而是勒紧裤腰带把每个月购粮本发给的 32 斤粮票省出几斤来，然后用这些换钱买车票回家。

插队返程后，杨福喜没有接父亲的班，而是进了北京化工二厂当工人，从1979年进厂到1992年辞职，这一干就是13年。在此期间，杨福喜完成了人生的大事——娶妻生子。他与化工厂的同事田占华自由恋爱并结婚，1987年他们的儿子杨燚出生。1992年厂里进行体制改革，加之他本来内心也并不愿意维持现状，就辞职了。"我上中学的时候，我们老师跟我讲过一句话，好汉子不挣有数的钱。现在理解了，就是自己做自己的，不给人家打工。好汉子自己做自己的事，不给人家打工。"杨福喜如是说。这次改革让杨福喜跳出体制的束缚，开始自谋出路。回到家里，他一度也曾打起了弓箭的主意，从家里找出那些珍藏的老弓，反复揣摩。最初，他想把弓箭的发展和娱乐事业连在一起。他先后到过长城、故宫等旅游胜地，希望能在那里开设射箭这个娱乐项目，但都遭到了拒绝。杨福喜后来自己也想明白了："那都是古迹，一个箭头弹上去，把墙打个坑，怪不得不让啊！"虽然有想法，但基本都只是设想，无法实施。但日子还得过下去，一家人的生计还得维持。杨福喜于是选择了当时的热门职业——开出租。开出租虽然很辛苦，但大街小巷地穿梭，接触各类不同的人，每天还能有进项，杨福喜也自得其乐。

然而，即使开着出租车，杨福喜也并未忘情于弓箭。在当"的哥"的日子里，杨福喜仍然给父亲打下手，还不时帮父亲买弓箭制作所需的原料。1995年，杨福喜又捧着父亲做的弓箭跑到了电影制片厂，虽然这次也没能实现他的娱乐计划，可是得到了那里负责人的肯定。杨福喜兴冲冲地跑回来对父亲说："爸，咱家的手艺不能丢，这不是没有用的东西。"这也激发了父亲杨文通的热情，他把希望寄托在儿子身上。有一次杨文通专门找出一个制作弓箭的工具箱，除了一些原料之外还有两个锛子。杨文通兴奋地对杨福喜说："这两个锛子做弓的时候很好使，一个是你大爷的，一个是我的，这都是我们的传家宝啊！"那一刻，杨福喜感受到了家族传承的使命感，不断思考着弓箭制作的未来走向。出于对弓箭的热爱，从1997年起，杨福喜终于不再当"的哥"，专心从事弓箭制作的学习与生产。

5. 贵人相助

1998年初，《北京晚报》刊登一条消息，说的是国家射击队在西山八大处一射箭场举行射箭比赛。看到这条消息，杨氏父子一合计，觉得是个机会。杨文通便和杨福喜带上家传的一张老弓赶到八大处。他们父子到那儿一看，射箭队所用的弓箭都是国际弓，现代弓虽然用着好用，但恰恰缺少了文化味儿。他们拿着老弓想参赛，可工作人员不允许。于是他们把带去的祖传老弓，拿给在场的专家看。恰好国家体育总局的领导，还有时任国家射箭队总教练的徐开才老师在场。传统弓让徐教练眼前一亮，他说传统弓是"国粹"，绝不能失传，一定要想办法恢复生产。徐开才与杨文通相见恨晚，促膝谈心良久。杨文通将弓箭制作技艺的步骤说得明明白白，让徐开才无比感慨。多年来，杨氏父子一直想找一个能够重视民族弓箭文化的人，如今这位贵人终于出现了。

第一章　北京非物质文化遗产研究

图10　杨氏父子素描　罗雪村绘

在徐开才的鼓励下，杨文通经过慎重考虑，决定让儿子杨福喜重操自己当年的旧业（图10）。于是，1998年6月6日，聚元号第九代传人杨文通在朝阳区的某家属院内租借了一间平房，杨氏父子将摘下40年之久的聚元号牌匾重新挂了出来。聚元号重新开张，没有庆祝的仪式，也没有旁人的喝彩，有的只是杨家父子的默默传承与对聚元号的庄严承诺。按杨福喜的说法，"我是1958年生人，1998年从新做起来，我正好40岁。"

杨文通开始省吃俭用，购买材料，利用业余时间重新捡起了弓箭手艺。在父亲的鼓励下，杨福喜将出租车车本交了上去，彻底断了退路，也全身心投入弓箭制造技艺的学习之中。杨福喜下定决心："只要有口粥喝，我就要全心全意做弓箭，不能让传统弓箭在我手里失传！"

万事开头难。杨家父子做弓箭首先遇到的问题即是没有场地,制作弓箭的工具摆满了整整一屋子,连个下脚的地方都没有。于是,他们找到朝阳区团结湖水利局宿舍大院的一间简易平房,将其作为工作室。(图11、图12)

图11　杨福喜在团结湖聚元号工作室

图12　聚元号团结湖工作室一角

正是在这里，杨福喜开始了没日没夜地钻研、琢磨、制作。他除了吃饭的时间回家之外，其余所有的时间都待在出租小屋里。以致当时有人以为杨福喜是单身，还有人开玩笑说他"抛妻弃子"，可见他的全心投入。弓箭制作这门学问大了去了，杨福喜基本上是从头学起。刚开始的时候，父子俩一起做弓，杨福喜有什么不对的地方，父亲就立即指出来，因此进步很快。他起早贪黑，勤学好问，有不懂的立刻就问，绝不过夜。正是凭着这股子钻研劲，杨福喜用了5年时间，基本掌握了全套的制作技术。

第一年，杨家父子做出了40多张弓，尽管只卖出去一张，对于他们来说这已经算是幸运了。可生活是现实的，没有了原来开出租的收入，仅靠妻子一人的工资收入，他们苦撑了一年多，直到又一位贵人的出现。他就是香港知识产权署的署长谢肃方（Stephen Selby）先生。杨福喜父子在团结湖工作室制作弓箭面临着困境，在此期间，国家射击队教练徐开才多次登门拜访，对他们鼓励有加。他尤其嘱咐杨福喜要将父亲的弓箭制作手艺全部学到手，避免失传。他为杨氏父子的精神所感动，并为他们引荐了谢肃方。

这位热爱中国传统文化的英国人，讲着一口流利的中文，到香港工作后取了个中文名字。他不但会说普通话，还会说潮州方言。原来谢肃方早在1974年即在英国爱丁堡大学获得中国语文、文学的荣誉硕士学位，还拥有英国皇家艺术协会（Royal Society of Arts）颁发的以英语作为外国语言的教学文凭，曾先后在英国、德国与蒙古任教。他尤其喜爱射箭运动，对此进行了长期的研究并尽可能地在世界范围内搜集各种弓箭。用杨福喜的话说，"到现在为止他对中国弓箭的研究，没有发现比他更高的人"。2000年，谢肃方出版《射书十四卷》一书，他还与一群志同道合的射箭发烧友设立亚洲传统射艺研究网（http://www.atarn.net），不少射艺爱好者通过网页的讨论园地，就传统射艺的历史、礼仪、民间传说等问题进行严肃认真的讨论，还就这门技艺互相交流，各抒己见，有力推动了弓箭文化的宣传与普及。

2002年，谢肃方来到了杨福喜位于团结湖的工作室。正是出于对传统弓箭的热爱，他与杨氏父子一见如故，称聚元号弓箭铺是现代弓箭中的活化石。他与杨氏父子认真交流传统弓箭文化，就自己感兴趣的问题与他们进行了长谈，双方都感到十分尽兴。谢肃方了解到聚元号的现状后，十分钦佩杨家父子的敬业精神，表示愿意鼎力相助。临走时，谢肃方先生出高价从杨福喜手中买下了他们父子刚刚制作完的20多张弓。后来，谢肃方又专门为聚元号题写了金字匾额，这块红色的匾至今还挂在杨福喜的工作室内，成为聚元号难得的殊荣。

此后，谢肃方也不遗余力地宣传聚元号，推动其走向世界。2003年，在谢肃方等人的努力下，香港海防博物馆举办了亚洲传统射艺文化的展览。聚元号的全套弓箭被香港海防博物馆推出展览并永久收藏。当年的10月25日与26日还举办了"亚洲传统射艺研讨会"、"亚洲传统射艺嘉年华"等活动（图13、图14），让学术界与普通市民都关

图 13 谢肃方(右二)等嘉宾参与"亚洲射艺嘉年华"活动现场

图 14 亚洲射艺嘉年华活动现场表演

注传统弓箭文化的发展。①为配合此次展览,谢肃方还专门撰写了《百步穿杨——亚洲传统射艺》一书,2003年由香港海防博物馆出版。在这些活动与著作中,谢肃方多次提到北京的聚元号,聚元号自此在全球范围内具备了一定的知名度。

  2003年对聚元号来说,是值得纪念的一年。虽然谢肃方在海外宣传聚元号,但这属于典型的"墙里开花墙外香",国内了解聚元号及其弓箭制作技艺的人还很少。恰在这一年,当时还在中国科技大学读博士的仪德刚慕名来到杨福喜在团结湖的工作室。仪德刚攻读的是中国科技史的博士学位,研究方向为中国古代实践力学,决定研究最能代表中国古代实践力学发展水平的传统弓箭制作及使用技术。经人指点,仪德刚所在的课题组找到了杨福喜的聚元号。当年3月至7月,课题组对聚元号的弓箭方法进行了全面调查,中间还遇到了突如其来的"非典"疫情。当他们从古代文献的查阅与研究进入到弓箭制作的现场,每个成员都抑制不住自己的兴奋。他们对整个制作过程拍照、录像并结合相关知识加以提问访谈。在此过程中,杨福喜为配合调查,历时三个多月专门制作了一张弓,让课题组成员全面了解弓箭的制作过程。全程跟下来后,仪德刚颇为感慨地说,这样的技艺光看肯定不行,如果没有长时间的实践经验,对弓箭的制作只能是纸上谈兵。很多技艺都是"只可意会不可言传",个人的感觉比如手感这些是需要

---

① 相关报道参见香港特别行政区政府康乐及文化事务署网站 http: //www.lcsd.gov.hk/b5/ppr_release_det.php? pd=20031024&ps=07

悟性和亲身体验的。

仪德刚与导师后来联名发表了对聚元号的调查，这一成果一经发布，迅速在互联网上引起广泛关注。多家媒体纷纷跟进报道，一时间杨福喜在团结湖的工作室客流不息。仪德刚以此为题最终写出了他的博士论文，并成为中科院的获奖论文。文章发表以后，聚元号的生存状况彻底转变。仅3个月时间，杨福喜将积压的80多套弓箭全部售罄，并且从原来供大于求一下子转变为供不应求。在那一段时间里，购买弓箭的人必须提前订货，不然根本买不到。从开始的提前3个月下订单，到后来至少要提前一年下订单，现在他们每年都有接不完的订单，并且远销全世界三四十个国家。至此，聚元号彻底走出困境。对杨福喜来说，仪德刚对自己的帮助还不止于此。正是由于仪德刚的研究与论文，文化部以及中国艺术研究院的一些领导与专家知道了杨福喜做弓的事。也是在仪德刚的建议下，聚元号申请了国家级非物质文化遗产。此后，学术界对聚元号进行了专门的学术研讨会，邀请各路专家对聚元号的工艺技术进行专题论证，来自文化部、故宫、国家博物馆、军事科学院、中科院自然科学史研究所、中国社科院考古所的几位学者对聚元号制作技艺予以了高度评价，一致同意推荐其为国家级非物质文化遗产项目。2006年5月23日，聚元号成为第一批国家级非物质文化遗产保护项目。杨福喜的父亲杨文通被中国艺术研究院聘为研究员，杨福喜后来又被评为"民间艺术研究员"，还享受了国务院特殊津贴。这些在以前都是想都不敢想的事。

可以说，在聚元号的发展历程中，这几位贵人的相助都至关重要，杨福喜至今心存感激。他也自认为赶上了好时代、好机遇。访谈中，他颇为感慨地说："按照我们家老人说，我这个人比较走运。正好我想干这个，正好国家形势好了，国家政策好了，有人支持了，有人帮助了。你离开大家的帮助，你一事无成。如果我1998年开始干的时候，没有人帮助我，我一事无成。那么现在国家帮助你，社会认知度也提高了，你买卖自然就提高了。比如说我们现在经常参加一些展览，没有国家邀请你展览的话，你自己哪儿展去，根本搞不起来，这个很重要。国家形势好了，人民生活水平提高了，这个买卖才好做，要不然根本做不起来。"所以，现在杨福喜常常怀着一颗感恩的心，对弓箭制作技艺有了更多民族文化传承的使命感。聚元号正是改革开放以后国家繁荣稳定、民间传统文化重现生机的生动例证。

6. 子承父业

从2004年开始，聚元号的日子逐渐好过了。国内外各种媒体的采访报道，尤其是国家级非遗项目的认定也使得其身价倍增。用杨福喜的话说，"现在很多人问我，他说你非遗了，国家给你多少钱？我说给钱不给钱不重要，给钱很快就花完了。以前一张弓卖两千块钱，有些人会犹豫，有这个牌子以后卖两万，大部分人觉得不贵。这是一个品牌的作用，非常重要，最重要的是我们是首批非遗的，这个很重要。"现在，聚元号制作的弓少说一把价值要一两万元，弓中极品甚至要高过10万元，而且都是排着号的，各

第一章 北京非物质文化遗产研究

地甚至国外的买主络绎不绝，他们的订单都到了第二年、第三年。

尽管如此，每一项非遗都面临着一个共同的难题，那就是传承人。杨福喜之前曾有几个徒弟，"这几年陆陆续续我手底下有二十几个学生，哪儿得都有，湖南、湖北、东北、山西、陕西……很多个地方的。当然这些学生有优劣，他们来的时候抱的目的都不一样，这些学生到我这来都是学习的，他会带动一方的人来喜欢这个东西。大家一块努力把这个事做好这点很重要。现在喜欢这个东西的人越来越多，玩这个东西的人也越来越多，对我们是个好事。"但真正学成的徒弟并不多，"最长的在我这干了五年半，大部分都是干了两三年。最长的就是湖南那小伙子，他等于在北京，他是人文大学毕业的，他毕业以后就在我这干了五年半。去年为了要娶媳妇才回去了，他的对象死活不愿意到北方来，人家在南方待惯了不愿意到这儿来"。说到这里，杨福喜也有很多无奈。

做弓箭毕竟是个苦差事。在杨福喜看来，这些伙计要想变成他的徒弟，需要一段考察期，时间还不短。如果人品没问题，悟性好，能吃苦，才能收为徒弟。然而让他失望的是，很多小伙子满怀热情地来，却没几个能坚持下去。诸如粘蛇皮、磨牛角、铺牛筋这些工序，都是又累又脏，还有恶心难闻的气味，在高温下关门闭户生火炉，辛苦程度远非常人所能想象。于是很多年轻人望而却步，杨家的伙计也换得比较勤。

现在收徒，还面临新的问题。前几年，杨福喜带的两个小伙子喜欢饭后偷偷泡网吧，这也让他颇为头疼。他不是那么古板的人，但年轻人玩得经常忘记钟点，他担心这些孩子因为过度上网、打游戏，影响学艺和身体。无奈之下，他不得不让儿子帮忙——通过网上聊天确定他们的具体位置，然后亲自去附近网吧"抓"徒。可后来，两个年轻人也学"聪明"了，改为在网上隐身登录，杨福喜的"驯徒"工作难度加大，又得想新的招数了。有的年轻人还喜欢玩游戏机，一玩就是几小时，这让杨福喜看着着急。做手艺讲究的是专心致志、心无旁骛，现在的孩子面对的诱惑太多了。

然而，随着时间推移，对传统文化发生兴趣的人也越来越多，传统弓箭文化也有了不少发烧友。杨福喜对此比以前乐观了许多，他对传承人也有新的期待。访谈中他提到，"因为已经有不少学生……有些人虽然没有到我这来过，自己琢磨着做也做得不错。人家很聪明，现在全国范围内能自己独立的做出一张弓来、在全国做得不错的也得有10个左右。"

经历这些之后，杨福喜重新做了决定。如今他辞了所有的徒弟，决定在几年之内一心一意地将这门手艺传给自己的儿子杨燚。一米八几的个头，戴着眼镜却显得那么斯文，这就是杨燚给我们的第一印象。这个小伙子特别踏实，懂礼貌，心还很细。采访完给他发邮件请教问题，第二天一看，当晚深夜就答复了。

尽管杨燚的专业是计算机，但是目前对制作弓箭这门传统手艺产生了浓厚的兴趣，并且也愿意投身其中。在我们采访的过程中,杨福喜有时也有意让儿子来解答一些我们的问题,看得出来,他对儿子给予了厚望。老杨说,他要看着儿子名副其实地成为第十一代传人,"我对他有信心"。不过,老杨也说:"即便将来儿子不接这个班,我也不是绝对不收外姓徒弟。我不在乎聚元号将来姓什么,这是民族的手艺,我不能把它带到棺材里。"

(二)行业习俗

聚元号从1720—1721年发展至今,已有300多年的历史,也算是弓箭行里的老字号了。自清末杨文通接手聚元号至今也有100多年的历史,虽然有过曲折,杨氏毕竟通过家族传承的方式使得这门手艺流传了下来。弓箭这一行,规矩不能算少,这也是杨福喜津津乐道的话题。

1. 行业始祖

据老人们讲,弓箭行业的祖师爷是轩辕黄帝,关于轩辕黄帝制作弓箭的传说也一直流传至今。杨福喜也曾提到黄帝制作弓箭的故事。传说有一天,轩辕黄帝外出之时在路上遇到了一只猛虎,正在觅食的老虎看见他之后便紧追不舍。眼看就要追到,恰巧前面有棵大树,轩辕黄帝灵机一动爬上了大树。老虎也不罢休,在树下盘旋不去。轩辕黄帝正着急,忽然看见缠在树干上的藤蔓,于是他折断树枝,拽下弹性很强的藤蔓,以树杈为弓,藤蔓为弦,树枝为箭,顺势击退了老虎。

经历这一事件之后,轩辕黄帝对弓箭发生了兴趣。他陆续找到了更好的材料，逐步完善了弓箭的功能。因此，在远古时代，一种具有杀伤力的武器就这样诞生了。几千年后，弓箭制作成为一个行业，弓箭手艺人将这段故事代代相传。当各个行业纷纷祭拜自己的祖师爷时，轩辕黄帝也理所当然地成为了弓箭制作行的始祖。

2. 祭祖仪式与家庙

杨福喜从小就听老人们讲，每年阴历四月二十一日，是弓箭行业祭祖的日子。在清代，祭祖仪式由弓箭大院的17家弓箭铺轮流坐庄承办。这一天，所有弓箭铺的手艺人都歇业，到弓箭大院的家庙参加庆典，烧香祭祝，设宴唱戏，擦净佛像，并为祖师像穿上树叶做的衣服，披上大袍。在家的妇女和儿童吃白煮肉、黄花鱼，烧香磕头。祭祖活动的花销由弓箭大院全体弓箭铺均摊。这个活动一直持续到1952年。据杨福喜说，庙产位于当时的义地之内，乃乾隆御批。1953年，正当聚元号承办之时，国家明令一切庙产都要充公，于是聚元号只好将家庙的庙产上交国家，从此结束了弓箭行业的祭祖活动。

弓箭大院的家庙位于昔日北京德胜门外大街的弓箭会馆胡同，此胡同于2002年被拆。2002年，杨福喜与谢肃方等人寻访到此处时，巧遇昔日看护家庙的邱氏。邱氏当时已经75岁了，她说自己祖上七代都是看护家庙的。后经杨福喜的父亲杨文通证实，确有邱氏看护家庙一事。

3. 授徒规矩

聚元号是老字号，收徒也有一定规矩。虽说现在已经没有太多讲究，但用杨福喜的话说，收徒还是要看人品，这个是前提。父亲杨文通曾经跟杨福喜提到收徒的事，现在看来还是颇有说道的。

因为杨氏属镶蓝旗，清代北京旗人的规矩本来就很多，北京人所谓的"老礼"很多是从旗人社会开始的。清人震钧的《天咫偶闻》有如下记载：

八旗旧家，礼法最重。余少时见长上之所以待弟子，与子弟之所以事长，无不各尽其诚。朝夕问安诸长上之室，皆侍立。命之坐，不敢坐。所命笔听，不敢怠。不命之退，不敢退。路遇长上，拱立于旁，俟过而后行。宾至，执役者，皆子弟也。其敬师也亦然。

可见旗人"讲礼"、敬老与尊老的习俗由来已久，对师傅也是毕恭毕敬。据杨福喜讲，他爷爷那辈的"老礼"就很多。杨福喜的爷爷收了四个徒弟，每一个都管得很严。一般只要他爷爷一露面，徒弟们立马放下手中的活计，毕恭毕敬等候吩咐。如果老人坐着，徒弟们不敢坐，都站在一边，正如上文震钧描述的一样。吃饭的时候，如果他爷爷不动筷子，徒弟们都不敢动，直到他吃完起身离席，徒弟们才能开饭。那时候徒弟与师傅感情也深，真所谓"一日为师，终身为父"，师傅去世了徒弟还要养老送终。

再说到弓箭行业，说起原来的老例，也是不少。弓箭行一般学徒要3年才能出师。拜师的时候要有仪式，要沐浴更衣，先拜祖师爷轩辕黄帝，再拜师父、师娘、师兄；要立字据，上面写着："师道大矣哉，入门授业投一技所能，乃系文保养家之策，历代相传，礼节隆重。对于师门，当知恭敬。身受训诲，没齿难忘，情出本心，绝无反悔。空口无凭，谨据此字，以昭郑重……"。老一辈对师徒之义看得很重，入门的规矩相应也多。杨福喜记得他爷爷去世的那天，是爷爷的大徒弟亲自赶着马车从通县往北京城送寿材。虽然那时候大徒弟已经60多岁了，自己也有了满堂的儿孙，但仍然讲究师徒的本分与礼节。当然，徒弟中也有不成器的。据他爷爷讲，有个徒弟是个盗贼，曾经因偷窃被警察抓住，当警察追索赃物时他竟然说都给了杨福喜的爷爷。为此，他爷爷差一点进了监狱，好在他最后良心发现，改了口，使得杨家人免去了一场牢狱之灾。

杨福喜还补充说，原来的弓箭铺一般掌柜收徒至少要收三个，一个做白活，一个做画活，还有一个做箭。只有掌柜和少掌柜会学全套的工艺，其他工匠一般只学一样。杨福喜说，弓箭行业后来没落得比较快，可能也与此相关。因为除了少数掌握全套手艺的艺人之外，其他人只学其中一项，基本上不能独立做弓箭，于是出现一些变故就很快转行了。

（三）工艺流程

一把弓箭从选材到最终成型，需要20多种天然材料，200多道工序才能完成，可见其制作技艺之讲究。据杨福喜讲:"一个手艺人从二十几岁开始,做到不能做,大概做不了 1000 张好弓。如果现在只有我一个人做的话,从 40 岁开始,这一生能做几百张弓,全世界也就这么几百张弓。"他现在制作一批弓 10 张至 12 张,一般需要花费三四个月的时间,果然是"慢工出细活"。那么一把弓到底是如何出炉的呢?让我们从工艺流程说起。

1. 选材

中国传统弓是由多种材料黏合而成的复合弓,其制作过程复杂,所用材料繁多,并且做工、选材都要依据季节和气候变化。单种物料和木材较难同时抵受拉力、压力和内切力,所以最理想的方式是选用几种不同的材料,利用它们各自的特性分别抵受拉力、压力和内切力。弓臂可采用几种与木材密度相似的材料,使其功能较单木好。

聚元号弓的主体结构包括内胎、外贴、内贴、望把、弓弦等。其中内胎为竹,外贴牛角,内贴牛筋,两端安装木质弓梢。(图 15)

对制作弓箭的艺人来讲,做好弓箭,选材是第一步。然而这其中很少有具体的数据可供参考,靠的其实就是手艺人的经验与直觉,所谓"以眼为尺,以手为度"。杨福喜感叹说,以前的弓箭艺人有专门的材料采购商,现在都得自己找,这些天然的材料包括木材、桦树皮、牛角、牛筋等,很多都需要从全国各地去找。用他的话说,只有木头在北京还比较容易找,其他的都来自外地。

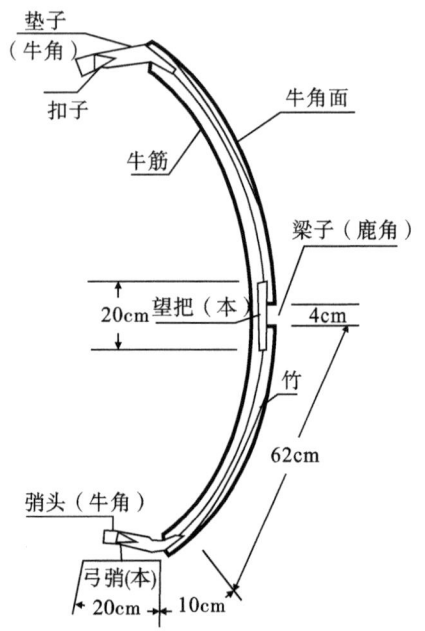

图 15 弓主体结构示意图（仪德刚绘）

　　从选材来讲，弓箭用的主要材料是木头、牛角、竹子。杨福喜告诉我们，牛角的好坏是决定一张弓质量好坏最重要的环节，也是整张弓的灵魂。能用在弓上的水牛角得需要五六岁的水牛角，但现在市场上的水牛一般都没到这个年龄就被屠宰了，能用的水牛角并不多。而且牛角的长度一般需要在60厘米以上，所以杨福喜也担心有一天再也找不到这么长的水牛角了。

　　用杨福喜的话说，牛角尺寸是一方面，关键是一定要直。据最初给杨家提供牛角的一位武汉友人讲，一吨牛角里面，好的牛角不多。什么比例呢？好的时候，可以挑出十几个，不好的时候，也就三四个。杨福喜也特别嘱咐那位朋友，大小无所谓，多大个都行，主要符合要求的就给他单留着。他几批料才能挑出几十个牛角，然后再经杨福喜的层层筛选，因此最后真正能派上用场也就是原来的40%～50%，的确不容易。牛角中的上品是白牛角，一个工匠一辈子能赶上几对白牛角也算是很幸运了，杨福喜就曾为自己赶上一对白牛角而兴奋不已。

1998年，聚元号重新开张，杨福喜首先面对的难题就是材料难找，而最难的就是牛角。牛角当中水牛角不少，但国内能用的水牛角也就产自湖北、湖南一带，像四川和云南的牛角就不行，四川的水牛角全是短的，不能做弓。现在的情况比以前好一些，杨福喜基本是找朋友代购，有比较稳定的供货渠道，而且很多朋友都主动找他。另外聚元号也从越南、柬埔寨进口，这些国家牛角的质量好一点，但价格贵而且产量少。好在水牛在南方还是大量养殖的，一般用来耕地的水牛通常也能达到基本要求，所以水牛角的供应还可以应付。

除牛角之外，弓箭用量最大的材料就是竹子。北京地区能用来做弓的竹子少之又少，为此杨福喜没少花功夫去寻觅。现在他们做弓用的竹子一般从江西运来，因为那里的竹子比较粗壮、结实耐用。常做弓箭的手艺人判断竹子的好坏基本上以敲打竹子听其声音是否清脆作为标准，杨福喜还说最好选用采伐后且阴干一年的竹子为宜。还要特别注意的是，两段粗细不匀或者中间部位有虫眼的竹子不能用于做弓。制作弓胎时，一般选用一根完整的竹子，不能拼接。而且在弓胎的这些窝角处要贴木头，否则出来的效果会是一个半圆。除了竹子之外，有的弓箭行也用桑木。桑木有一定弹性，但致命弱点是时间很短就糟朽了。现在收藏的一些老的弓箭，很难见到桑木的弓。用杨福喜的话说，桑木弓一般都传不了辈，你要用手一抠这个桑木胎可能都掉一块。反过来用竹胎，保存得比较好的，尤其在北方，传个三四百年还能用。

另外，做弓时常用的材料还有牛筋和鳔。牛筋就是牛的韧带，取自牛背上紧靠牛脊梁骨的那块筋，是制作弓体非常重要的弹性材料（图16）。

图16 牛筋

访谈时杨福喜的儿子杨燚笑着说，我们吃的板筋中有的就是牛板筋。做弓之前一般先将牛筋放在房檐上风干至八九成，然后用湿布将其裹上。接下来很重要的步骤就是砸牛筋，因为现在北京没有碾子，所以需要用木锤子来砸。砸完之后可以看到牛筋基本上被劈成一条条的样子，然后还要撕牛筋。以前弓箭行流传一句俗语，"好汉子一天撕不了四两筋"，可见这也是典型的慢工出细活。所以在以前的弓箭铺，一般是妇女来干撕筋的活。撕完的筋被打捆，使用之前先用水泡好，泡的时间越长越好。用的时候再用清水洗净，这样的使用效果最好。

  做弓箭所谓的"鳔"是指粘贴各种材料所用的动物胶，这也是弓箭行业里非常关键的材料。早在上古文献《考工记》中，即有对制作弓箭所用鱼鳔的记载。关于鳔，《考工记》中推荐鹿胶、马胶、牛胶、鼠胶、鱼胶、犀胶等六种胶。胶的制备方法一般是把兽皮和其他动物组织放在水里滚煮，或加少量石灰碱，然后过滤、蒸浓而成。据后世制弓术的经验，以黄鱼鳔制得的鱼胶最为优良。中国弓匠用鱼胶制作弓的重要部位，即承力之处，而将兽皮胶用于不太重要的地方，如包覆表皮。对弓箭行业来说，一张弓所用鳔的分量很大，通常有"一张弓四两鳔"的说法，而且鳔的质量也直接影响到弓箭质量的好坏。弓箭行里早期使用的基本都是黄鱼鳔，一般是选用大黄鱼的鱼泡熬制而成。鱼鳔虽是弓箭行首选的黏合胶，但现在一般不用鱼鳔而多用猪皮鳔。（图17）

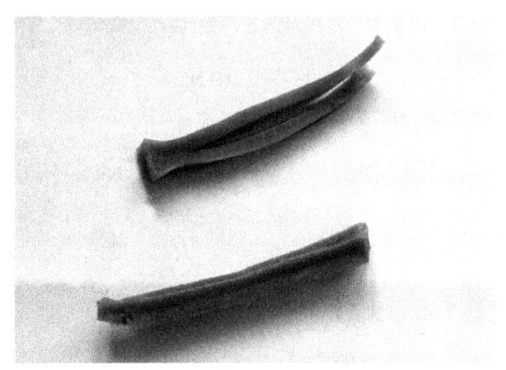

图 17　未化的鱼鳔

　　说起猪皮鳔，还有一段有意思的插曲。那还是在弓箭大院时期。有一天，各个弓箭铺聚在一起祭祀弓箭铺的始祖轩辕黄帝，随后聚餐的时候，一个小伙计吃猪肉不喜欢吃猪皮，因为猪皮褪毛不干净，于是他就把猪皮吐在桌子上。等第二天大家收拾桌子时发现猪皮都粘在桌子上了，想抠都抠不下来。由此，一位齐姓的伙计受此启发，开始尝试用猪皮熬制猪皮鳔。他把熬制出来的猪皮鳔分送到各个弓箭铺供大家免费使用，经过各家的尝试，发现效果并不比鱼鳔差。于是乎，猪皮鳔在弓箭行开始流行，聚元号自此也开始使用。然而砸猪皮鳔也是力气活，一般干这种活的在弓箭铺是吃得比较好的，也因此而经常受到其他伙计的嫉妒。这是后话了。

　　据杨福喜说，弓箭大院时期就有专门做鳔的鳔局，20世纪50年代出口弓箭到外蒙古时也有专门给杨家做鳔的。前些年他到北京一个鳔厂去买鳔，一个80多岁的老职工说自己进厂的时候就亲眼见识了人工砸猪皮鳔的场面：用来砸鳔的铁锅子大概30多斤，煮上一锅鳔也有10斤多。而砸猪皮鳔的伙计也经常受到其他人的嫉妒，因为干的是重体力活，他们每天都能吃上炸酱面。这对于那些入行的伙计来说已经是格外的关照了。

做弓需求量很大的另一种材料就是桦树皮。弓体的中部是执弓把握的地方，被称为"望把"，是由内部的"望把木"、"梁子"（鹿角）及外部包住的牛筋和桦树皮组成。因此，桦树皮也是必不可少的材料。据杨福喜讲，这种树皮东北有很多，俄罗斯也有，南方没有。现在所用的桦树皮大多出自大兴安岭一带。桦树皮是最好的防潮用品，其他树皮都不行。这个桦树皮它是一层一层咧开的，把它放在水里，泡上十天半个月，再把表皮咧开，它里面是干的，非常绝。什么东西都不如这桦树皮隔潮。故宫里面所有的建筑顶上都铺了一层桦皮，所以不易糟朽。桦树皮的供应对聚元号来讲问题不大，他们现在也有了比较稳定的供货渠道。

做弓之外，还有箭。现在聚元号做箭手艺一流的是杨福喜的母亲，她曾是弓箭大院时期的做箭师傅。聚元号一度也用桦树做箭杆，因为桦木的纹理比较直，转枝很少，有一定韧性。母亲告诉杨福喜，做箭的木材用"六道木"比较好，要找春天里砍伐的木头最好，秋冬天的容易裂。六道木也叫"降龙木"，北京周边的山上都有。六道木的纹理就都是通顺的，不管多粗多细都有六个道。另外，它中间有一个芯，其木质是软的。箭头的后部是一个尖，要扎

图 18　描绘箭匠安装箭镞的画作

到箭杆里面去才能固定住。而六道木和桦木都有这样一个软芯，就很易于扎进去。纹理是通顺的，纤维一直到头，有时射箭不经意射到墙上，把箭头都射坏了，但箭杆没问题，所以这是做箭杆的最好材料。（图18）

然而就做箭来说，杨福喜最担心的还是制作箭尾的羽毛。箭上的翎毛不能用一般的羽毛，最好是用雕翎，或者是猫头鹰、大雁、天鹅的翎毛。然而，现在这些动物都属于国家保护动物，根本不可能再从打猎者的猎物身上获得这些材料。这让杨福喜一下子为难了，他几乎寻遍了可以使用的各种羽毛，结果都不太理想。因为一支合格的箭，尾部的羽毛必须能够扇起风来才行。直到有一天，父子俩灵机一动，想到了鹅毛，很兴奋地开始尝试。但是，也不是什么鹅毛都可以的,他们先拿国内的鹅毛试验,发现不行。咨询了了解羽毛的内行人士,才打听到法国鹅的羽毛够硬,可以试试。杨福喜费尽心思去北京的各大西餐厅找来法国的鹅毛,很快派就上了用场。欧洲的鹅毛成为现在制箭的首选,但这种鹅毛来的并不容易,所以目前羽毛的奇缺给杨福喜壮大传统弓箭制造业带来了不小的麻烦。为此,杨福喜也想到了国家的政策支持。"对于这种传统行业,如果想要发展壮大,必须要得到国家的政策支持,否则根本不可能发展壮大。"关于聚元号的长远发展,杨福喜如是说。

2. 工具
(1) 制胎工具

对于做弓箭来讲,第一步就是制作弓胎,这也是弓箭的主体部分。制弓胎的主要工具是大板凳。板凳前段有立板,板上还有大小不等的两个立柱,供砍磨竹胎等操作时起阻碍作用。板凳两端的中间部位还各有一个能嵌住弓体的凹槽(图19)。另外还有所谓的"千斤板凳"——只有一端有凳腿,使用它来上力量较大的弓弦。利用千斤板凳上弦时,可以将没有凳腿的一端插入墙上的一个洞中,这样即使用力,板凳也不会翘起。

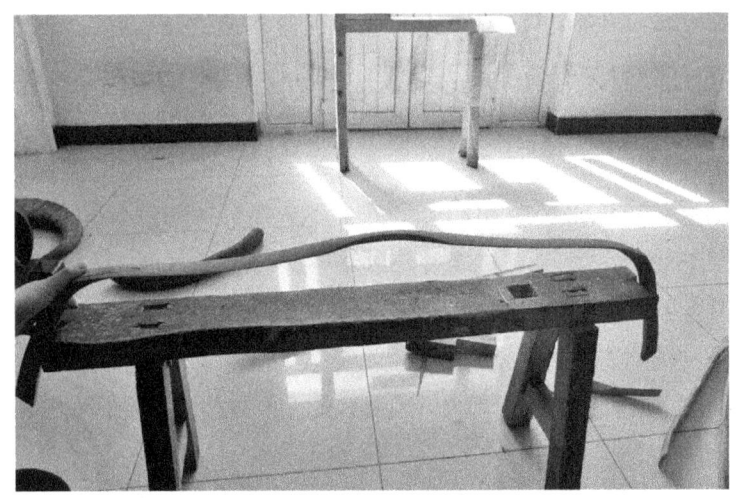

图 19　制作弓的专用板凳

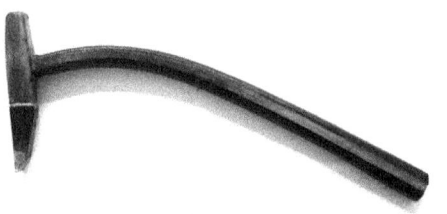

图 20　锛子

除板凳之外，制作弓胎的工具还有锯子、砍刀、刮刀、锛子和木锉。锯子一般是根据所锯材料的不同，选用齿口粗细不等的锯子。砍刀一般要求比较锋利，是砍制各种粗料时用的工具。锛子是弓箭行特制的工具，锛子把上的弧度较大，是砍制弓胎、制作弓梢时必备的工具（图20）。

木锉可以分为粗锉、细锉、弯锉和平锉。粗锉和细锉是磨制各种材料时使用的工具。平锉的表面没有锯齿,它是对弓进行"画活"时熨烫、粘贴材料的工具。

(2)制牛角工具

制牛角首先应该提到的是压马,基本上可以算作弓箭制作的一个操作台,是铺牛角面时最得力的工具。压马有两个倒丫子型的支脚,类似于建筑行业所用的木马,有横梁与辅木。其中横梁上的辅木是活动的,可与横梁一起挤压住弓胎。(图21)另外,还有走绳,是配合压马使用的绕绳的专用工具。

图 21　压马

原来的弓箭作坊,牛角要靠手工磨制,因此耗时较长。有了现代机器设备之后,这些工作已由电动砂轮和抛光轮所取代。我们在聚元号的工作室见到的是现在制角所用的拉花锯和砂带机。电动砂带机磨出的牛角效果也不错。(图22、图23)

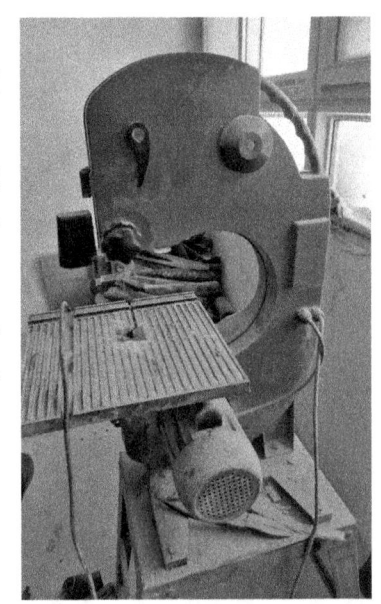

图22　拉花锯

图23　砂带机

(3) 铺筋工具

铺筋之前需要先熬胶，这时候铁锅和木棒就是必不可少的熬胶工具了。此外，比较重要的还有筋梳子，就是梳理牛筋使其均匀成丝状的工具。筋梳子一般用铜板制成，一端成齿状，因此得名。（图24）

图24　筋梳子

另外还有"筋起儿"和筋板。筋起儿是一个小的长条竹片，在梳筋之后用以抬起整张筋时的辅助工具；筋板是一个长条状的木板，一般要求是能够防水，铺筋时先在筋板上铺牛筋然后用它来耍鳔。

(4) 打弦工具

打弦用的工具主要包括弦架子、弦刀和线车子。弦架子就是架弦线所用的木架，弦刀是在弦架上钩住棉线的铁片，而线车子就是绕线的轮轴。采访中我们了解到，弓弦过去用的是棉线，现在有的用丝线（图25）。线弦打磨得比较光滑，不会给射箭带来太大误差。当然也有的弓使用牛皮弦（图26）。一般只有专门练力气才会用牛皮弦。

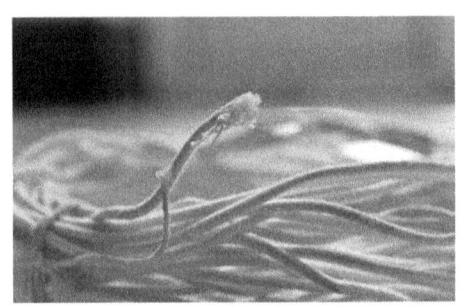 

图 25　棉线弦　　　　　图 26　牛皮弦

（5）其他工具

"弓枕"。弓枕是把弓体拿上板凳时抬起弓身两臂的枕木，在弓枕的上缘中间有一个凹形槽，弓的"脑脖子"正好枕在此处。所谓"脑脖子"就是弓两端介于弓身和弓梢之间的弯折部分。与之配合使用的还有两块扁平方木，起到进一步抬高弓枕的作用。

"弓挪（na）子"。弓挪子是使弓弯曲变形的特殊工具。使用时，把初步做成的弓体捆绑在弓挪子上，根据所做弓的大小可选用尺寸不等的三种弓挪子。

图 27　刮刀

刮刀。刮刀是弓箭行的师傅们自行制造的又一种特殊工具，主要用来刮牛角。一般用钢尺改造而成，用于将初步加工的牛角刮平。（图 27）

3. 流程

聚元号制作一张弓箭的时间，严格来说需要一年多，因为从选材到半成品的准备都受季节因素影响，并需要晾干的时间。我们首次采访的时间正是杨福喜忙碌的季节，每年的三月份到五月份，这是"出活"的时候。第二次去采访，正赶上大连的几个朋友头天晚上催他交一批货，为此杨师傅不得不在工作室做最后的加工处理。现在虽然有了一些改进的手段，比如以前铺牛筋气味难闻，特别臭，过去采用的方法是整夜整夜扇扇子，现在有了空调就省事多了。现在材料的来源也逐步稳定，但一张弓还是需要三四个月。虽然杨福喜也一再说，弓箭制作并没有多少"绝活"，但这是一门需要用心去学的手艺。一般人没有个三五年的实践根本不可能学出来。2006年，聚元号的第九代传人杨文通因病去世。面对父亲的离世，杨福喜伤心之余也不无遗憾。他觉得自己还有手艺没有学到，很多工序的具体制作需要技巧，也需要师傅指点，可见弓箭行里的学问果真不小。

弓箭的制作工序，从弓的制作来看，一般主要分为三大部分：就是所谓的"白活"、"画活"与制作弓弦。"白活"是指弓的主体的制作过程，而"画活"则是对弓进行装饰。旧时弓箭铺这些手艺一般是分别教授的，也是防止自家手艺外传的一种手段。

（1）"白活"

"白活"是弓箭制作的基础工作。可以说，一把弓的质量如何主要就取决于"白活"的水平。"白活"又主要包括以下几个步骤：制作弓胎、"勒角面子"、铺筋、"做梢头"

与"缠望把"、"上板凳"。

①制作弓胎

首先是砍竹胎,将买来的竹子(一般要经过一年以上的时间来阴干)锯掉粗细不均匀的两端,选用中间较为平直的部分。锯出约长 128 厘米、宽 3 厘米的一段;其次是弯竹胎,将砍好的竹子关键部位烤热,用力弯曲竹胎,使其形成一个竹皮面在外的圆弧形。旧时多用炭火烤,现在为了省事一般用煤气火烤,但煤气火不容易掌握火候,稍不注意很容易把竹子外皮烤煳而竹子的内芯却没有烤好。所以这个工序要求手艺人非常细心,掌握一定的技巧。将竹子初步弯成圆弧形以后,还要保持其相应的弯度一天左右的时间,需要找一种相对固定的支撑方式加固其弯曲的形状。(图 28、图 29)

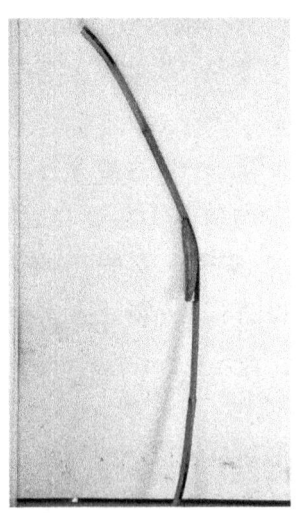
图 28 初始状态的弓胎

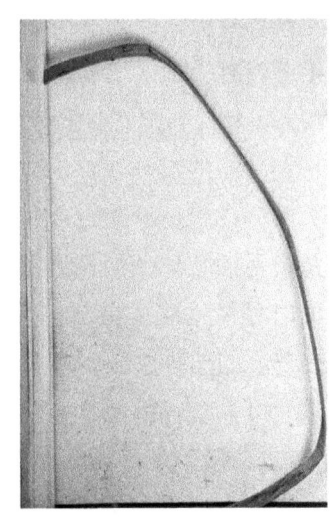
图 29 加工后的弓胎

弓胎还有一个重要组成部分就是弓梢，弯好竹胎之后就是"做梢子"。弓有长梢弓、短梢弓，弓梢的长短是简单区别一般传统弓类型的标志。以前弓箭铺制作弓梢的木料一般都是从山上直接砍来的山木，现在都统一用榆木替代。聚元号的弓梢类型较多，有专门制作弓梢的模板。先按照模板的图样将木料砍成有一定弯度的四棱柱形。梢子的长度大约为弓身长度的 1/4。我们去采访时看到的聚元号弓梢大约长 30 厘米，其中待插入烛台里的四棱锥部分长 10 厘米。（图 30）

弓梢做好之后就是"插梢子"，把弓梢粘制在弓胎的两端。先在竹胎的两端依梢子末端的锥形长度及形状画好要锯出的 V 型槽的大小，然后用锯锯出。锯好之后用梢子末端插进去试试大小，还要看两个梢子插进去之后梢子头是否与整个竹胎在一个平面上。这是一个非常关键的步骤，它直接关系到做出的弓是否合格。（图 31）当感觉弓梢做的有不合适之处，可用木锉校正 V 型口的大小及梢子的形状。合适之后，分别把它们刷两遍猪皮鳔粘住。

接下来就是"做望把"。做望把的木材也是榆木。望把是衬在竹胎内表面的中间部位以便于把握的部分，所以制作时要考虑到使用者的手形大小，做出适当调整，尤其要以适宜把握为原则。（图 32）

做好望把之后还要"勒望把"，就是在竹胎内表面正中间的部分砍制一块放望把的地方，砍的深度大约是整片竹子厚度的一半。一般都是用锯子和锛子砍出望把的初始形状，然后用木锉锉平。把提前熬制好的猪皮鳔加水用火温

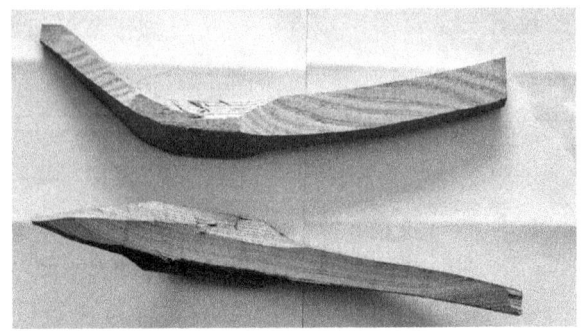

图 30　初始状态的弓梢

图 31　加工后的弓梢

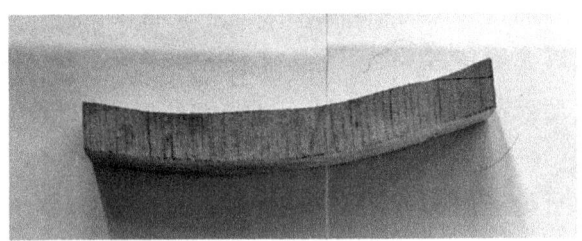

图 32　望把

热，使其软化。猪皮鳔软化及稀释的程度以能在鳔中立住鳔刷为准。然后分别在竹胎粘望把处及砍制好的望把木上刷两遍鳔。稍干后即可把它们粘在一起。为了使其粘得牢，需使用压马及走绳等工具。先把黏在一起的望把连同竹胎放在压马待压处，然后用走绳把它们牢牢捆在一起。勒好之后，必须经过至少一晚上的时间才能把望把粘牢。

经过这些步骤，弓胎的主体部分已经成型，随后就是深加工。加工的首先一环就是"刮胎子"，要对弓胎做进一步的处理。例如弓胎子的宽度要调整，用锛子和木锉把竹胎处理到合适的宽度，然后把竹胎的边缘锉得十分平滑。经过一到两天的时间，可以把捆在望把上的绳子解下，用锛子砍望把的两侧，然后用锛子进一步修理望把的形状，使其中间粗、两头略扁，利于把握。当然这时候只是使得望把有个大概的样子，等勒完面子以后还要砍。

接着要对竹胎进一步加工，就是"弯弓"。先把弓胎子放在火上烤，可以在适当的时候浇点水，然后用力弯弓胎子，使其弯成更平滑的圆弧形，至于弯曲的弧度没有统一的标准，全凭个人感觉。这个估计需要长期的实践经验才能有所体悟。比如需要制作力量较大的重弓，弧度可以适当加大。也可以把弓胎子放在地面上或压马上用力使其弯曲。这些做完之后，再凭眼力仔细检查插上梢子的弓胎是否平直，检查的方法是从一个梢子头经整个竹胎所在的平面看另一个梢子头，还要看两个梢子是否在竹胎的中心面上。如稍有不符合者，以用力弯竹胎的方法校正。校正之后再用绳子捆住，使其固定在一个固定的位置上，从而定形。

②勒角面子

勒角面子主要处理的是牛角的问题，就是把牛角磨成几毫米厚的角片粘到弓上。

先是锯牛角，这个也有讲究。一般一张弓就用一头牛的两只牛角。据杨福喜讲，牛角都是从外地经过层层筛选运过来的，在弓箭大院时期有专门处理牛角的师傅，锯牛角、磨牛角都是一套的。当时最出名的干这个的是"面子许"，就是专门勒角面子的许师傅，他住在东四南大街，与杨福喜的爷爷杨瑞林差不多同龄。一对牛角只用很狭小的两小条，其他大部分都没用了。按照原来满人的习惯，牛角中个别粗的，还可以用来做两个扳指。

锯完牛角之后是磨牛角。锯下来的两条牛角侧面，要经过磨平才能粘在弓胎上。以前在弓箭铺，磨牛角是个体力活。现在磨牛角基本由电动砂轮来完成，牛角的内外两侧都要磨，内侧尤为重要。牛角一般磨到3毫米厚就可以用了。杨福喜曾对人说，磨牛角是弓箭制作三件苦差事之一。因为磨牛角时飞出的粉末只要粘在身上，就会感觉刺痛，而且连洗澡都不行，那痛苦和难受劲儿，没有经受过的人是想象不到的。磨好的牛角面还要放在火上烤，待烤到一定的火候，牛角就变得很软了。然后把牛角放到地面上踩踏，使其变得平直，或者也可以用其他重物压住牛角面。（图33、图34、图35）

"撕面子"：把平直的牛角按牛角面内侧向上的方向放在大板凳上，用勒具把牛角面划出一道道的条纹，这样可以让牛角涂上猪皮鳔之后与竹胎子粘得更牢。

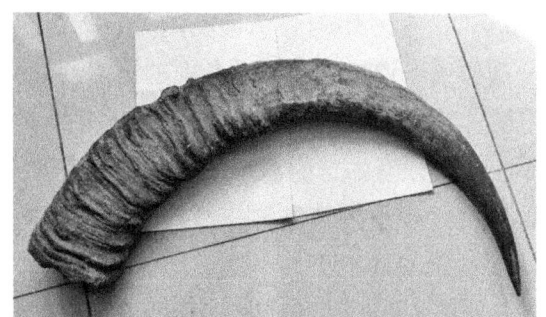

图 33　初始状态的牛角

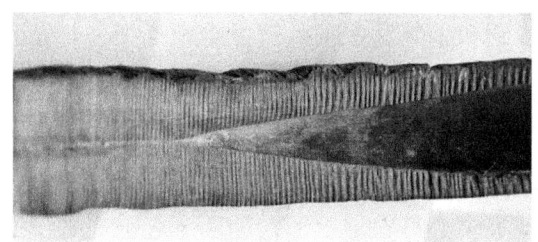

图 34　牛角半成品

图 35　加工完的牛角

"撕胎子"：在弓胎的外弧面两端接近"脑脖子"处，用木锉分别锉出一道横槽，使牛角面的尾端刚好能嵌入此处。再用勒具把弓胎子的外弧面也划出一道道的条纹。

配面：必须分清牛角的前后段，即牛角尖的一端要铺在弓胎的中间，牛角根部要铺在弓梢端，反过来就不行，因为牛角尖的一端硬度更大，这个能保证弓的足够弹性。而且做弓一般都是几张弓同时做，所以更要注意配好面子。牛角面子如果比弓胎宽，用绳子一勒，角面子中间受力过大就会鼓起来，这样就把牛角面整个给破坏了。对于牛角面来说，锯和木锉这些工具就显得很必要了。尤其是宽大的牛角面要用锯和木锉使其达到合适的尺寸。

"勒面子"：这个原来也是重体力活，旧时都是体力好的伙计来干。勒面子如果勒不结实会直接影响到弓的质量，所以要花很多心思在这上面。勒面子之前先把一些细绳子放在水里浸泡备用，同时把猪皮鳔用火温热，然后分别在牛角内侧面和竹胎子的外表面刷两遍鳔。这时候用的猪皮鳔对浓度要求很高，用量也很大。杨福喜就说，一般的木工干活都用不了这么多鳔，也不敢这么用。做过木工的杨福喜比较之后说，做一张弓所用的鳔差不多够做一套组合柜的。可见鳔的用量之大。

"下梁子"："梁子"是指铺在弓面上的两条牛角中间预留出来的待安装的部件，材料最好用鹿犄角。一般在制作弓胎时要在弓胎的正中间部位即放置望把的背侧留出一块至少4厘米的空隙，用于下梁子。下梁子如果使用牛角的话一定要选用牛尖的部分，把梁子的初始材料按照所需尺寸用锯锯下，然后也用鳔将其站在弓胎上。粘梁子时最好与牛角之间不要留下任何空隙，否则张弓时就会鼓起来。所以这也是一道很考验手艺的工序，对做工的要求很高。

"磨面子"：先用砂轮磨梁子，经过打磨的梁子外表规则光滑，它的厚度要比其余的牛角面厚。之后再磨角面子，牛角面的打磨程度要根据所选用的牛角的薄厚及所做弓的力量而定。这个也没有具体的尺寸标准，全靠弓箭师傅们自己拿捏。打磨时可以用手感受其所磨面子的光滑程度。磨面子也是慢工出细活，铺完筋之后在上弦的时候还要磨，要求更细致。

刮胎子：经过一到两天的时间，等到用于粘望把及梢子的鳔阴干之后再进行刮胎子。先把捆在望把上的绳子解下，然后用锛子把烛台上的竹节砍掉，再用大木锉把每一个竹节处和竹胎的边缘锉圆滑。之后再用木锉打磨望把，并用锛子砍出"脑脖子"的初步形状，再用木锉加工使其形成一个脊形。

③铺筋

竹胎外侧贴牛角，内侧贴牛筋。弓做好后，牛角一侧就是靠近射箭人这一侧，牛筋一侧就是弓的前方靠外面一侧。牛角起的是弹性作用，牛筋起的是韧性作用。比如说竹胎，如果反着一掰，很容易折，而贴上一层层牛筋后就不会了。所以牛筋对弓臂能起到一个很好的保护作用。

铺筋也有几个步骤，包括泡筋、尝鳔、梳筋、铺筋。先把牛筋泡在水里，泡的时间越长越好。所谓的尝鳔，尝的不是味道而是温度，这是弓箭行里的独门手艺之一了。

铺筋用的猪皮鳔与粘贴其他材料所用的浓度与温度不同，是直接关系到铺筋是否成功的主要条件。此处所用的猪皮鳔的浓度要稍低一些，可用刷鳔的刷子沾着鳔看它是否能刚好滴下为准。温度是关键因素，如果鳔的温度过高，会把牛筋烫坏并失去弹性。旧时师傅们的经验是用自己的舌头来亲自检验，看看是否太烫，火候的把握也在于个人的体验了。接下来是梳筋：先把筋板用温水洗一下，平放。把一束筋放在鳔锅里浸泡，使牛筋尽可能地沾上鳔。然后把它们平放在筋板上，用筋梳子把它梳理平整，使每一根筋丝都充分展开。最后是铺筋，这在以前是个苦差事，气味难闻。杨福喜提到，这道工序见不得风，夏天也得紧闭门窗，然后在屋里生起熔软牛筋用的炉子。在这种环境中，身体稍微虚一点的就得当场昏倒。铺筋要根据筋的长短决定需要铺几道，其中铺第一道筋时要从中间开始，然后再向其中的一端铺，待这次铺完的筋经过一两天的时间阴干之后再铺另一端，以便操作时能把握干的一侧。如果选用的筋比较长，一般三条筋就能铺完整个弓身。铺筋的时候要注意在每两道筋之间要交错地多铺一些，以增加此处的强度。铺完筋之后要检查一下整个弓的形状，铺筋的层数直接关系到弓力的大小，一般的弓是铺三道筋。此外，铺筋还应注意天气情况，天热时每一层筋铺得要薄一些，适当增铺几层；天冷时，每层可铺得厚一些，适当减铺几层。

④做梢头与缠望把

我们在访谈时看到的两个梢头都用牛角。旧时也曾一头用牛角，另一头用木头，那时都是当兵的使用，主要是为了防潮,没有什么装饰作用。把梢头锉出长约一寸的薄一些的片端,使其插入弓梢里面,后面也留出约一寸的梢头。然后在弓梢的顶部用锯锯出一个V型开口,以粘住梢头。如果V型口开得过大,可接合一个小薄木片一起粘上去,待鳔干了以后再锯下多余的部分即可。

缠望把:为了增加望把的耐用强度,再用筋横向缠住望把,把牙子和梁子都包进去。包上的筋要尽量平整,否则筋干了后还得锉,很容易把筋锉断。

出梢子:插完梢头的望把是进一步处理好梢子的基础。一般都在大板凳上进行,用大锉锉梢子,使其渐渐变成长立柱形。此时操作要注意两个梢子保持在一个平面上。

做弦垫子:截取牛角头部较厚部位的一段弦垫子,旧时多用鹿犄角制作。由于弦垫子的体积较小,不易用手把持,可配合使用台钳把牛角夹在大板凳上操作。旧时多用"手拿子"。锉出的弦垫子要用刮刀刮平,再用砂纸磨一遍,最后用抛光轮抛光即可。然后再在接近牛角面"脑脖子"面上,找出要粘弓垫的位置,用锉锉平。

⑤上板凳

上弓挪子:先烘烤一下弓体,基本上达到烫手的程度,目的是让弓体柔和一点。然后把其中的一个弓挪子的一端与弓体的近弓梢一端系在一起,并轻轻压下弓体,使其刚好落在弓挪子的孤槽中,再把它们系住。按同样的方法,系上另一个弓挪子。上弓挪子的过程要慢一些,因为是初次把弓体反曲成如此大的变形。上完弓挪子至少要经过三四天的时间才能继续进行下一步工作。这样才能保证弓体被定形。如果所做弓的弓力较大，那么上完弓挪子后等待进一步操作的时间也更长。

上板凳：把带有弓挪子的弓体放在大板凳上，并先用绳子把弓体在望把处与大板凳系紧。

上弓枕：把两个弓枕分别枕在大板凳上弓体的脑脖子与板凳之间。这样弓体就会发生较大的反曲变形。弓箭行内的说法叫起一层垫。上完弓枕后，解下弓挪子。解下弓挪子时要特别注意用双手同时解下两个靠在弓体中间部位的系在弓挪子与板凳上的绳子，并且无论是多软或多硬的弓要同时"放劲儿"，这是规矩。接着再解下两边的绳子。

"爬板凳"：刚解下弓挪子的弓体，其两个弓臂上的弧度可能不完全一样，这就需要进一步地修理，先用板锉锉弧度比较小的牛角面，锉时要慢慢地掌握锉下的程度，不能一次锉得太多，否则弓的一侧被锉下去，另一侧可能就会起来。同时还要用双手按一按两侧的力量是否相当。锉得差不多时，再用细锉找一找不太如意的地方。

"起垫"：爬完板凳的弓再起一层垫。起完垫的弓，弓体的形状可能又会发生变化。再查看两边的弓臂弧度是否还能相当。否则还要用锉继续锉。

粘弦垫：在离牛角面约一寸长的地方用锉锉出一块平平的地方，叫制作垫盘。然后把弦垫用鳔粘上。弦垫的高度没有具体的尺寸，都是凭经验来做。但要保证上弦后不会使弦支得太高。粘完弦垫之后就可以下板凳了，把弓枕子和系在板凳上的绳子解下。

"开扣子"：在牛角梢头与木弓梢嵌接的地方，用木锉锉出一个小斜开口，作为能挂住弦的地方，此处称为"扣子"。

"上绷弦"：首次上弦要在大板凳上进行。把弓的望把处与大板凳系在一起，枕上弓枕，再起一层垫。然后把绷弦（试弓弦）挂上，弦的长度要依挂在弓上是否合适而做相应的调整。弦的两头系出一个套环，套扣刚好落在弦垫上的凹面处。做一张弓的成败，这时就要见分晓了。在此之前还是一点把握都没有。挂上弦后，弹一弹弦的声音，看一看弓的形状。如声音不太清实，说明弦还有些长，再继续把弦往短处系。直至调整到合适为准。

"鞑撒"（DaSa）弓：用板锉弓体的牛角面，主要是锉弓脯的部位。这是个慢活，得一点一点来，急不得。杨福喜就说自己的性子有些急，他父亲也是如此。而在以前的弓箭铺，他的一个大爷那是出了名的慢工，基本上别人做20多张弓他也就做6张，但他的弓还是有口皆碑，人家都愿意买，就是他在这些细节上特别认真投入，质量有保证。锉牛角面的同时，要观察弦与望把之间的距离，以及两个脯距弦的距离是否合适。弦与望把的距离按行规是一拳并伸直大拇指再距一寸的高度为合适。这个距离越小就越难于拉开弓，旧时弓箭铺常常特地制作两张此距离较小的硬弓，以防力量大的外人来此试弓。如果普通的弓轻易地被拉开，那多少有些没面子，原来的弓箭行有所谓"好硬弓，大扁弦"之说。脯与弦的距离没有特别的高度，但要用尺子量一量看两处是否一样。同时还要试着拉一拉弓，当弓一离开垫就算弓开了，每一张弓都要保证弦要能同时离开两个弦垫。锉到一定程度时,就得上着弦把弓放几天了,不能一次锉太多,否则很可能弓脯一下子就塌下来,就前功尽弃了。过几天再继续锉,然后再用细锉找平。通过尺量、眼观、拉试来查看锉得是否到位。试拉时,放弦后听到的应是一个声音,即放开的弦能同时击打两个弦垫而引起的声音。

(2)"画活"

"画活"主要是对弓体进行装饰,可繁可简,依个人喜好而定,一般可分为以下几个步骤:

刮、磨、抛光牛角面:用刮刀刮磨整个牛角面,牛角梢头也要做同样的处理。然后再用砂纸磨一下,再拉开弓试一试,看是否正常。最后抛光。旧时没有抛光机,全凭手工抛光。方法是用刮下牛角面的角丝混合香灰,用这种混合物在牛角面上缓速推磨,常常磨得手都会感到很烫。这种活对人的体力和耐力都要求很高,据杨福喜说他大爷爷就曾因磨出100张弓而累得吐了血,可见这确实是非常耗费精力的。

包望把:包望把之前先用锉锉一下粘在望把上的鳔硬块。用尺子测量出弓体的中心,并用手指支住弓体的中心看弓体是不是平衡,如果不平衡要找出其平衡点。量出所要包住的望把的宽度,然后裁下相应大小的软木纸。(图36)

软木纸事先要刷过鳔,用的时候再用火烤一烤。杨福喜一般用舌头舔软木纸,按他的说法,干这行不能怕脏。边包边用"烫锉"熨烫软木纸的外表面,使其受热以粘得

图 36 软木纸

更牢。杨福喜说:"软木纸包望把不但能把握舒适,而且还能起到吸汗的作用。旧时多用的是暖皮,就跟树皮一样的材料。那时有专门送货上门的,但后来就越来越少了,50年代初就没有了。我那二大爷他们家门口配有一个汽车修理厂,他与那帮人熟。他们用这个做钢垫。后来我二大爷突发奇想,因为那时候没有暖皮了,后来用这一试还行。后来就用这个了。"

包梢子:以同样的方法,在软木纸的两个外边粘上两条鲨鱼皮。最讲究的材料是用鲨鱼皮。现在鲨鱼皮不易买到,多用蛇皮代替。

经过处理的蛇皮都很薄,提前刷好鳔,待使用时把蛇皮烤热,使其柔软一些,便于粘得比较平整。粘时也要用平铿把它烫热便于粘得更结实。杨福喜曾对人说:"往弓胎上粘蛇皮,用什么粘,一般人肯定想象不到,得用温度和湿度都合适的唾液当黏合剂。这就意味着做弓人要把又咸又臭、一般人闻着都恶心的蛇皮舔湿。"这再次告诉我们学习弓箭行的手艺得全身心投入。

贴桦皮：贴住弓背其余的部位。弓箭最怕受潮，桦树皮的防水性能相当好。现在所用的桦树皮（图37）都出自大兴安岭一带，在每年的6月20日左右从成活的桦树上扒下的最佳，当然这要得到当地林业部门的允许。然后一层一层地撕下，直至最薄的一层。否则，即使贴上桦树皮，桦树皮本身还会慢慢起层，就会影响弓的美观。把桦皮按纹理贴在弓背面上，还要用一根黑色的细条状桦皮贴在弓身的侧面边缝处。

图37　桦树皮

贴花：用自己处理的一种纸（类似于现在的不干胶）贴出花样。在旧时，人们多从市场上买来糊窗户的纸，俗称为"本回私纸"或"毛道纸"。在纸背面涂上胶，再染上各种颜色的油漆，干后待用，用时再涂上一层胶。根据老年间的风俗，可贴出几种图案。如有弓把处的"把鱼儿"、在弓臂中部的"腰鱼儿"、在弓脖处的"脑鱼儿"。还可以加"五道线分水"（黑、白、黑、白、黑）、"分三朵儿"、

"堆山子"等。弓身上还可以贴上一些吉祥图案如"平升三级"、"福如东海"之类的，上漆之后即为成品了。由于旧时不用清漆调颜色，全部用桐油，而"画活"的师傅们全凭手指往弓体上撮。由于长时间的劳作，他们的手指变得非常粗糙。最后用桐油把贴在弓体外表面多余的胶洗掉，这就是所谓的"洗活"了。

（3）制作弓弦

弓弦通常有两种，一种是牛皮弦，一种是棉线弦。（图26、图25）牛皮弦的做法很简单，用牛皮编成麻花绳即可，类似于农村驾驭马车时用的牛皮鞭子。牛皮弦的特点是结实耐用，是作战用弓的必备弦。早年聚元号所做的弓是供皇家贵族使用，更加注重弓箭的美观，多配以棉线弦。制作棉线弦的方法较为复杂，过程如下：

首先把弦架子调节好，使其两个弦刀之间的长度合适。然后把白棉线套在两个弦刀的钩子上。套多少圈取决于弓力的大小，如40-50磅的弓套25圈，50-60磅的弓套35圈，100磅的弓要套80圈等。套完后，调整一下整个棉线束的整齐，并把棉线的头尾相接。把线车子上的彩色棉线横向一圈接一圈地绕在白棉线束上。操作线车子有一定的技巧，双手握在线车子左右的弦线上，按均匀的力量绕动，线车子就会自动地随着弦线的转动而转动，并把彩线一圈紧挨一圈地套在弦线上。最后打成的棉线弦的外表就是线车子上的彩色线。有时为了应定做者的要求可做两种彩色线交错的弦，方法是同时使用两个绕有不同颜色的线车子缠绕白线束。无论是哪种绕法，都要求绕的每一圈都要紧紧相连，这样打出的弦不会露出一点内芯的白线。操作娴熟者打一根弦只需二三十分钟。杨福喜提到与现代的国际弓的弓弦相比，我们传统弓的弓弦有一些弱点：弓弦虽然比较结实耐用，有一定的弹性，但弹性的存在其实是不利于射击的。

（4）制箭工艺

在清末，北京弓箭大院里聚元号的弓和天元号的箭是齐名的。据杨福喜的父亲杨文通生前回忆，天元号的做箭工艺细分起来约有200多道工序，做箭师傅专门备有一个称量箭重量的"戥（deng）子"。无论做多少箭，同型号的箭重量都相同。透甲锥箭（四棱锥形箭头）最重，但不能超过2两7钱，此箭配4个劲的弓。所谓的"劲"，是对弓箭力度比较形象的说法。访谈中杨福喜说，一般弓箭的劲大概是10公斤左右，一般射箭用的弓也就是35斤到45斤之间。天元号的箭最令人叫绝的是：每一批箭的重心点都在同一个位置，箭杆的中心点与重心点的间距最长不能超过6厘米。那时箭头都是从铁匠铺订购的，买回后自己打磨细作。14把长的箭配14指长的箭羽，12把长的箭配12指长的箭羽。（图38）

访谈中我们了解到，杨福喜的母亲冯氏（1934—　）是聚元号后期做箭的师傅。杨福喜也给我们介绍了聚元号箭的制作方法：

①调杆。做箭杆的用料是六道木，通常以春季砍伐的为好，秋季的容易裂，此树多见于山的阴面。现在杨福喜常到北京郊区门头沟找村民订购，按7毛钱一根收购。买回的大多是比较直的木杆，但其中也常常会夹杂很多弯度

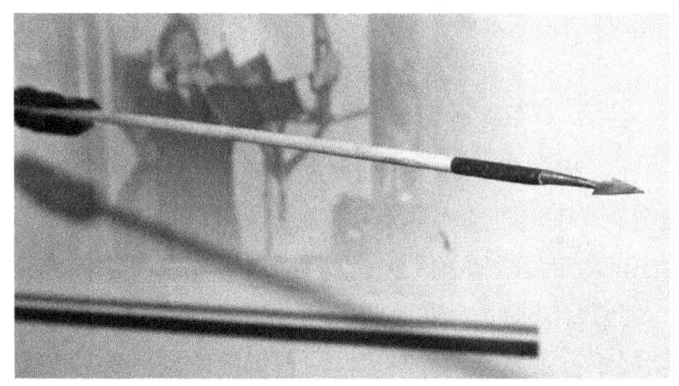

图 38　制成的箭

图 39　调杆

较大的。对于这种弯度较大的木杆就需要校直后使用：先用火烤热弯曲的部位，然后用箭端子加以校正。一手持箭端子，一手持箭杆，把受热的弯部嵌在箭端子的凹槽里，然后两手用力夹，反复多次，使箭杆变直。（图39）

②打皮。基本就是用刮刀打皮。

③刮杆。刮杆是做箭的关键步骤。杨福喜给我们做了现场演示：先用左手拉住一端，并不断转动箭杆；右手持线刨子（按刨齿的角度分为大、中、小三等）推拉。先"糙刮"一下，即进行粗加工。放置一天后再进行两次"刮细儿"，即用齿略低的线刨子进行细加工。

刨箭杆时的手感很重要，刨出的箭杆应该中部略粗，两端略细，接近箭扣处略粗。这种粗细的差别很小，仅凭眼力观察不出来。用手轻轻地来回抚摸能感觉得到。这种箭，旧时称之为"掏裆子乍扣箭"。由于箭杆的这种粗细不均匀性，无法用机器进行大批量加工。但箭的消耗是很大的，无论是过去还是现在。杨福喜的父亲杨文通生前还常在自家的阳台上帮助杨福喜制作箭杆。杨福喜很得意地说："这掏裆子的箭比那没掏裆子的箭出去的速度要快好几倍，现在的国际箭也有，好点的卖三百多。"

（5）箭头和尾羽

箭头是专门到加工铁器的工厂里定做的，呈圆锥形，类似于毛笔头，故常称为"大笔头"。（图40）箭头尾端能套在箭杆上，就是现在常说的"头包杆"，这种箭头的制作方法约在20世纪40年代末期开始使用。清代用的都是"杆包头"，即箭头尾端有一铁铤能插入箭杆里，并且铁铤的长度还有一定的要求，至少要比露在外面箭

图40　箭头

头的尺寸要长。按旧时的说法，如果兵部官员拔出铁铤发现其长度不合格，那就是"里通外国"，当即要拿来问罪。

做箭羽最好的材料是雕翎，但现在不易买到，经过试验，现在聚元号基本上都用鹅毛代替。先把鹅毛从中间撕开，然后取出三支，放在木板上浸湿，剪成同样的大小，这一步骤称为"拓钳子"。然后，把三片羽毛粘在箭杆尾部。粘贴第一片时选好位置，使其刚好处于箭扣搭弦的平面上，其他两片均分粘贴。

在紧连箭头的箭杆处约5厘米的地方用蛇皮或鲨鱼皮包住，名曰"花果"。其目的有二：一是加固"杆包头"箭里的铁铤。二是由于射箭时箭杆的前端要搭在弓把处，长期使用会磨损箭杆，包上蛇皮能起到保护作用。

4. 弓的性能与使用

在了解了弓箭的制作流程后，杨福喜也向我们简单解释了弓的性能和使用时的一些相关力学知识。聚元号做成的每一张弓在出售之前，每天都要试拉几次，以保证其特殊的性能。开弓时不能放空弦，否则容易损坏弓体。

弓力的测量方法，可用杆秤称量，或坠以一定分量的重物。原来民间还用大钩秤，现在聚元号的工作室也有了专门的测力计。弓力随季节和时间的变化也很明显。如果称量同一张弓，弓力在早上和中午是有差别的。弓箭手在实践中要熟悉这种变化。至于弓的张弛，可用人力张弛法和工具张弛法。

在张弦过程中，弓力的变化是不均匀的。刚开弓时，用力不太大；弦接近半开时，用力最大，拉弓者最费力；接近拉满时，拉弓者所用的力相对减弱。杨文通师傅曾自豪地对人说："普通的竹板弓（不粘牛筋、牛角的弓）达不到这种效果，这样的角弓才好用。"

弓箭爱好者们还关心一个问题，就是弓箭的射程。那么聚元号弓的射程是多少？对此杨福喜解释说："是张弓就能射出去100多米。"这100多米是指能射中箭靶的距离。旧时弓箭大院里做出的步弓（即普通的射箭弓），大多数以射55弓（即55张弓直线排开，约55×1.7m的距离）远处的箭靶取准。无论弓力大小，都以55弓的箭靶为目标。弓力越大，所配的箭就越重。

随着聚元号的逐步发展与声名远扬，传统弓箭也为越来越多的人所了解。关于射箭本身，很多读者想必更感兴趣。这里举一个小例子。我们了解到古人射箭一般都带着扳指，尤其是满人。做扳指用的是鹿角，扳指是戴在大拇指上拉弦用的。古代军队拉弓只用大拇指。我们就问杨福喜，用另外四指拉弓弦为什么就不行？杨福喜说："用四指拉力量更大，但效果不如扳指好。扳指不起防护作用，主要是放箭时它能更快。现在射箭都是用食指、中指和无名指拉弓弦，在放箭的一瞬间这三指要协调得非常好。有一指没协调好，箭射出去就有问题。若用四个指放弦就更不好放了。而用拇指戴上扳指拉弦就没这问题，你瞄好之后用扳指轻轻一弹，箭就出去了，而且走得很快、很直。所以戴扳指有很多好处。扳指在我们满语中叫'憨得憨'，过去分文扳指和武扳指。文扳指是戴着玩和显示身份的，如玉扳指等。武扳指只有鹿角，不用别的东西代替，目的就是射箭。"那么为何要用鹿角做扳指？是因为其硬度高吗？杨福喜随手拿起扳指，回答道："不光是硬的问题。你看我手上戴的这个鹿角扳指，中间黑的部分是鹿血，叫血线。它是通透的，你运动时它能透汗，而且不会出异味。只要是射箭，不管是皇帝还是士兵，都要戴鹿角扳指。每个士兵都得有，而且是为每个人专门制作，没有互相借的，所以扳指的需求量非常大"。

随便一个小问题都能引出这么多道理来，聚元号弓箭的学问真不小，够杨福喜钻研一辈子了，他现在真是"活在弓箭堆里"。

目前聚元号一张弓、五支箭卖几千元到一两万元不等，而杨福喜最期待的还是懂行的买主。当有人把弓箭取走的时候，他总觉得缺点什么因为现在的买主大多对这些传统弓箭的来龙去脉了解甚少。"听老人讲，以前的买主对弓箭都能说出个一二，下订单的时候都能说出来要什么花样的。"杨福喜说，如今他要培养一批懂弓箭的买主，"这也算是历史赋予我的使命吧"。他喜欢"以弓会友"，遇上谈得来的朋友，"宁愿少卖些钱，也得交个朋友"。"我现在制作的弓箭主要是满足一部分博物馆的收藏、展示的需要，也有部分出售给朋友或由朋友介绍的顾客，买者中大多喜爱弓箭制作工艺或射艺活动，也有作为民间工艺品收藏的。"一种传承的使命感油然而生，也让我们顿生敬意。

四、尾声

聚元号能从传统的弓箭铺一步步走到今天，确实不容易，其背后反映的是一部杨氏家族的辛酸史与奋斗史。而从这样一门传统手艺的命运起伏，我们也能深刻感受近代以来的社会变迁。杨福喜自接手聚元号以来，早已将弓箭当作了生命。虽然现在国内的弓箭行业开始复苏，聚元号也声誉渐浓，但他仍有传承的紧迫感。尤其是提到国外弓箭的发展，他说：弓箭制作技艺，像韩国、日本、马来西亚、匈牙利都有。而这里面做得最好的是匈牙利和韩国，他们的弓跟咱们的弓所有的原材料和工艺水平什么的基本上都是相似的，差不多都是一个师傅教出来的。只是在个别细微的地方有一些不一样。最另类的是日本的，不管从原材料，还有技术制作都不一样，很另类。我们弓销得最好的地方还是欧美，美国、加拿大、英国这些国家。而弓箭在国外的发展境况明显比国内好，这些外国人对弓箭也更加专注与投入。外国人会玩会做，作为文明大国的中国这种技艺却近乎失传，这也让杨福喜有些愤愤不平。这真是应了那句话"外来的和尚会念经"。

当然，杨福喜对未来还是有信心的，访谈中的他对弓箭行的发展还是显得比较乐观。他提到，现在喜欢这个东西的人越来越多，玩这个东西的人也越来越多。这对弓箭行业来说是个好事。现在起码比1998年他刚做的时候强多了，很多人不是不喜欢，是找不到这个，看到这个了就喜欢了。杨福喜透露，"像现在北京发烧友级的（弓箭爱好者）

现在就有四五千人,拥有三套弓,周末几个人聚在一起玩一玩,玩的很多。射箭场有几家,以现代弓居多,现在的弓好用,练起来也比较好练。弓上面的附件比较多,有肩台、减速器,用得比较多,比较容易。而用聚元号这类传统弓就得有一定的功夫,需要下一番功夫去练,比较难一些。"从聚元号订单数字的变化我们也能看出来,传统弓的发烧友是在直线上升的,这也让我们看到了传承下去的希望。

最后用杨福喜在访谈中的一段话作为结语吧,这也是他的心声:

"我现在觉得我们聚元号做到我这时候,算是做到顶峰了,甚至于高过我前面说的50年代初。当然那时候也不错,但是没有办法和现在相比。国家给了最高的荣誉,给了最高的待遇,我现在都享受国务院特殊津贴,每年给3万块钱,文化部有一个扶持资金,每年给多少钱,这东西原来想都不敢想的,很多东西国家想在你前面了,他在帮助你传承这个,保护这个。这点是我1998年刚开始做的时候没有想到的。那时候想到的很简单,就是想着混碗饭吃,也没有什么思想境界。那么随着这几年觉得,上升了一个高度,不是为了自己,不是为了单纯的挣钱,是为了传承文化,是为了民族文化的传承,上升一个高度。当然钱是大家都离不开了,放在第二了。这个关系一定要摆正。首先要考虑的是怎么传承民族文化,怎么响应政府的号召,怎么想着在这方面做一些努力。"

第三节　北京非物质文化遗产项目的保护现状、问题与对策

非物质文化遗产是活态传承的具有极高历史文化、科学艺术价值的文化类事项。在文化产业与文化遗产越来越得到重视的当下，非遗也基本上成为一个城市与地区的文化名片。保护并传承好非物质文化遗产是各级政府与学术界共同的责任与义务。本文在以往调研及数据统计的基础上对北京的非遗保护现状、问题及对策进行初步探讨，希望得到大家的指教。

一、北京市非物质文化遗产项目发展现状分析

1. 北京市非物质文化遗产项目发展现状

作为首善之区的北京，历史文化资源丰富，文化遗产众多。截至2013年底，北京市已认定三批非物质文化遗产项目，共计216项。（参见表3）

表3 三批北京市非遗项目数量

项目类别	第一批	第二批	第三批	总数
民间文学	0	12	5	17
传统音乐	5	3	1	9
传统舞蹈	11	8	7	26
传统戏剧	5	5	0	10
曲艺	6	3	3	12
传统体育、游艺与杂技	5	8	11	24
传统美术	3	12	13	28
传统技艺	7	39	16	62
传统医药	1	6	4	11
民俗	5	9	3	17
总数	48	105	63	216

从北京市非遗项目的类别来看，基本涵括非物质文化遗产项目中的民间文学、传统音乐、传统舞蹈、传统戏剧、曲艺、传统体育、游艺与杂技、传统美术、传统技艺、传统医药、民俗等十大类。其中，第一批无民间文学项目，第三批无传统戏曲项目。总体来看，北京市级非物质文化遗产项目中传统手工技艺类项目最多，占到认定总数量的31%，这也是北京非遗资源的重要特色，与其长期作为政治中心的历史背景有关，城市的消费性特征明显。说明老北京城诸如面人、泥人、家具制作、风筝、宫灯等民间手工艺相当发达；其次是传统美术、传统体育、游艺与杂技、

传统舞蹈，分别占到总数的12%、11%、11%，这与传统的农耕生产方式有一定关系。这其中我们看到相声、评书、京剧等民间表演艺术丰富多彩。民间文学在第一批认定项目缺失的情况下，后两批共认定了17个项目，占到总数的8%；传统音乐、传统戏曲、曲艺、传统医药等项目数量分布较为平均，各占总数的5%左右。其中特别值得注意的是，传统节日项目为零，传统仪式项目为1个。这两个类别的缺失是因为当代的北京作为国际化大都市，人们的生活方式和理念发生了很大变化，传统节日文化和信仰仪式在北京人的日常生活中消失殆尽。（图41）

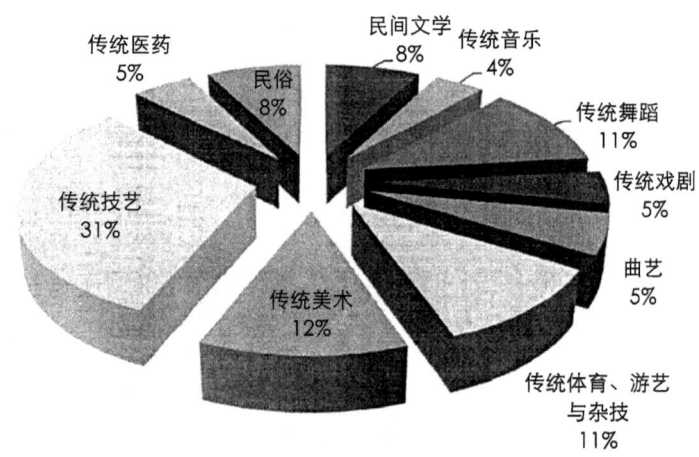

图41 北京市非遗项目类别比例分布

从地域分布来看，北京市非遗资源分布明显不均。尤其是城区与周边远郊区县，数量差距明显。（图42）这当

第一章 北京非物质文化遗产研究

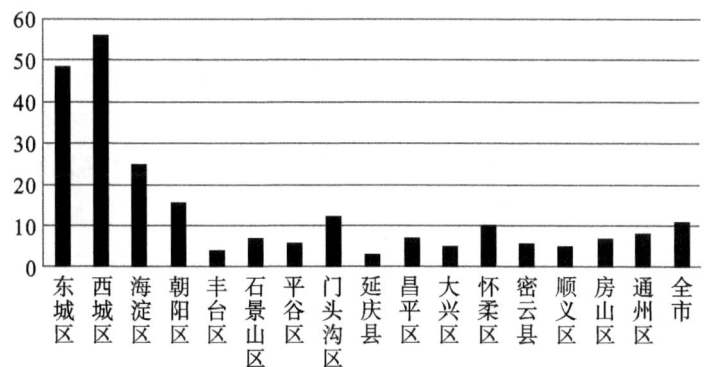

图42 北京市非遗项目地域分布（单位：项）

然既有城市发展本身的原因，也与当下的保护工作与支持力度、普查力度有关。目前已认定的市级非遗项目中东城与西城数量较多，占到了总数的一半以上；其次为海淀区、朝阳区、门头沟区；其他区县数量很少。这一差别不一定是非遗项目遗存多少的差别，有可能还包含了文化意识上的差别，文保工作上的差别，甚至是经济实力上的差别。比如门头沟区，民国年间就是中国民俗学研究的重要基地。20世纪80年代以后，北京地区的民俗专家依旧持续关注妙峰山庙会、京西太平鼓、京西幡乐等民俗项目，研究水平高，知名度高；地方领导在学界影响下文保意识强、工作热情和水平高。比如门头沟斋堂山梆子戏，近年来就得到了政府40余万的资助，新置办了服装、音响，每年还有专门的演出费用，用于巡演的交通和伙食费，大大提高了民间的积极性，使这一濒危项目得到了较好的保护。如今门头沟已经成为北京市非遗保护工作的两个试点区县之一。

总之，目前城近郊区非遗项目的数量超过远郊区县，并不能说明远郊区县的文化遗存就一定比城近郊区少，随着非遗保护工作的深入，我们相信将有更多的藏在深山人未识的带有鲜明地方特色的文化瑰宝被逐步发掘出来。以上的分析也适用于北京城近郊区。

从北京市级非遗项目代表性传承人及其地域分布统计来看，传承人的分布与其地域分布大体一致，仍多集中在"城六区"，尤其是东城与西城，市级传承人的数量接近总数的一半，周边区县较少。（图43）一般来说，项目与传承人的关系为"一对一"或"一对多"，所以传承人的数量一般要等于或多于项目数量。在统计中我们发现，除了丰台区、昌平区，北京市其他区县的市级代表性传承人数量普遍低于市级项目数量，多个项目出现了市级代表性传承人空缺的情况。而丰台区的市级代表性传承人数量远高于市级项目数量，是因为传承戏曲的主要院校、单位均坐落于此，如中国戏曲学院、北京京剧院等；又因戏曲项目多属

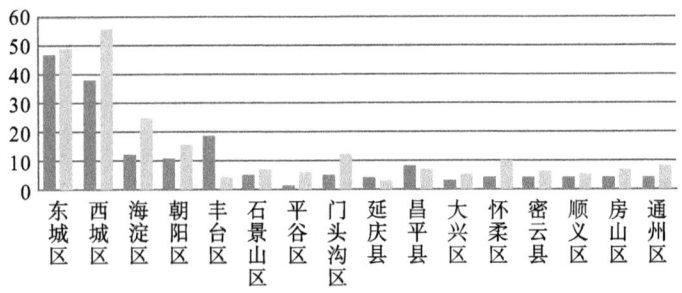

图43 北京市非遗项目地域分布与传承人数量对比

集体传承项目，故而其市级传承人在数量上远高于项目数量。因此，非遗传承人后继乏人的情况仍需要得到政府部门与学界的重视。

通过对已认定的三批北京市级非物质文化遗产项目代表性传承人认定时的年龄加以统计后，我们发现年龄段在60～69岁（以认定时间为准）的代表性传承人最多，共70人，占到了总数的1/3；其次是50～59岁和40～49岁年龄段，分别占到了21%和19%。值得注意的是，70岁以上被认定的传承人占有不少比重，达到了总人数的25%，最年轻的年龄段为30～39岁，只有4人，占2%。（图44）

而且，在已认定的传承人中，已有3位去世。在前三批传承人中，认定时年纪最大的是海淀区程氏针灸的第二代传承人程莘农，生于1921年，2011年认定时已90岁高龄；最年轻的是西城区传统香药制作技艺的传承人李时亮，生于1980年，也是市级代表性传承人中唯一的80后，认定时仅31岁。然而，整体上看，北京市级非遗项目代表性传承人整体年龄结构明显趋于老龄化。（图44）尤其70岁以上的高龄代表性传承人还占有相当数量，并且已经被认定的传承人很多因年事已高、行动不便，需要家人照顾，非遗的传承工作仍很艰难。很多非遗项目的传承有年龄断层的危险，尤其是在一些市场出路不好，经济收入有限的项目中，都是老一代传承人在支撑，年轻徒弟难寻，如北京皮影就是明显的例子。

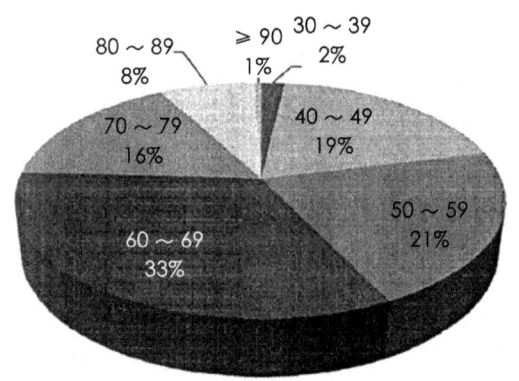

图 44　北京市级非遗项目代表性传承人年龄分布

2. 北京市非物质文化遗产项目保护已有的成绩

北京市近年来对文化遗产尤其是非物质文化遗产的保护与发展高度重视，市领导曾多次做出批示。随着扶持力度加大，相关工作有了很大进展。主要体现在以下几个方面：

（1）非物质文化遗产调查持续推进。非遗调查是非遗保护工作的前提与基础，目前北京市进行的调查既有摸清家底的普查，也有针对重点项目、重点问题的专项调查，以及对调查成果的整理与利用。2005～2007 年北京市在全市范围内展开了非物质文化遗产普查工作，8000 余名普查员走访相关人士 11843 人，共普查到项目 12623 项，文字记录 699.88 万字，采集图片 62417 张，采访录音 1621 小时，采访摄像 1687.2 小时。另外搜集到实物 6904 件，已登记实物 13662 件。普查成果涵盖了所有类别的非物质文化遗产项目，一些被湮没的民间传统手工技艺类项目也被陆续发掘整理出来。在此基础上，北京市文化局先后编辑出版了《北京市非物质文化遗产普查项目汇编》、《北京市非物质文化遗产资源汇编》系列丛书，《北京志·北京非物质文化遗产志》正在编撰过程之中。

（2）建立三级名录制度与体系。自2005年开始，北京市重点加强非物质文化遗产名录建设，现已形成国家、市、区（县）三级非物质文化遗产名录体系，并逐步形成市、区县两级非遗名录项目申报、论证、评审与公示制度。在此基础上加大对名录项目的资金扶持，建立严格的资金补助与管理机制。

（3）社会宣传与大众参与。非物质文化遗产的宣传与推广是使人民大众共享文化成果、促进文化传承的必要途径，也是提高全民参与、全民保护意识的重要手段。近年来，北京市加大了对非物质文化遗产的宣传教育力度，每年组织开展春节庙会、灯会、文化活动评选，在主要节日如春节、清明节、端午节、中秋节期间举办各类传统文化活动。另外，利用高校与中小学的教育平台，积极推进非遗进校园活动。自2006年以来，全市开展非遗进校园专场演出3000余场，在校学生观众累计达到100多万人次。同时为发挥学校的宣教功能与科研优势，现已命名15个"北京市非物质文化遗产传承教学基地"与3个"北京市非物质文化遗产研究基地"。北京市还积极探索电视媒体参与非遗保护的合作方式。2011年推出的非物质文化遗产大型纪录片《守望》引起了社会的普遍关注。2015年年末推出的文化综艺节目《传承者》再次引起大众对非遗传承人与非物质文化遗产项目的高度关注。这些都为非遗的传播与保护打下了良好的基础。

二、北京市非物质文化遗产面临的主要问题

通过对北京市的非遗项目进行初步统计分析、普查，我们看到，北京市的非物质文化遗产保护工作总体来说还是很有成效的，北京市非物质文化保护中心和各区县文化馆做了大量的工作。政府的支持、学者的呼吁、媒体的宣传，不但提高了全市人民保护非物质文化遗产的觉悟，同时也提高了非物质文化遗产传承人的社会地位，使那些默默无闻的、毫无社会地位的传承人受到了整个社会的普遍尊重。但由于非物质文化遗产保护工作是系统工程，现在依旧有超过1/3的项目处于濒危状态，这一比例在远郊区县更高，因此要做的工作还很多。我们认为北京市的非遗项目在以下方面存在问题：

（一）非物质文化遗产项目及其传承人的生存发展空间不足

由于非物质文化遗产讲究"活态传承"，因此传承人的问题直接关系到非遗项目保护的成败。在北京地区的"非遗"调查过程中，我们常常会看到许多项目的传承人已进入老年期，但他们还没有找到也难以找到称心如意的传承

人。如果任其发展下去，就很容易因老艺人的辞世而人亡艺绝。比较典型的濒危项目状况有如下几种：

（1）学习周期长、见效慢、效益差的项目。典型的如已入选北京市非物质文化遗产项目的王冠琴绣鞋制作技艺。虽然王冠琴老人为此投入了大量时间、精力以及物质成本，但传承状况仍然堪忧。绣花鞋这种"慢工出细活"的工作模式让很多年轻人望而却步。依靠她个人的努力，这种技艺很有可能面临失传的危险。

（2）一脉单传的以家族为传承主体，而家族中后继乏人的项目。比如小灯张、面人郎等，家中都无子女继承长辈的艺术。

（3）传承人出现年龄和技术断层的项目。比如荣宝斋的木版水印，25到45岁之间有一个近20年的断层，而技术成熟需要近10年的培养，现在这几位50多岁的传承人正处于艺术的高峰期，应该集中精力创作精品。一幅传世精品要近10年的创作期，而他们却被琐事缠身。

（4）传统经济来源断绝的项目。如一些国有企业倒闭后，曾生存其中的一些老北京手工艺项目处于风雨飘摇的境地。

（5）市场严重萎缩的项目。比如北京琴书、京韵大鼓、评书等老北京曲艺项目，这些民间艺术形式在历史上也曾是大众艺术，也曾经辉煌过，但如今在流行歌曲等现代艺术的冲击下，听众已经寥寥无几，特别是年轻人绝大多数都没有接触过这些艺术，更不用说接受了。如今这些老北京的"玩意儿"彻彻底底地成了小众的艺术，艺人想凭此艺生活几乎是不可能的,更不用说像那些流行歌星那样大红大紫了。没有专业的艺人就没有专业的艺术。

（6）因项目所赖的社会群体变迁而难以为继的集体项目。比如石景山区的同心小车会因当地拆迁造成了人员的流散,原来的会员团体无法再经常聚在一起排练和演出。而山区贫穷的地区则因为年轻人都出去打工,使得本地的一些传统民间艺术难以为继。

（7）因体制约束而难以发展的项目。比如智化寺京音乐、北京皮影剧团、百工坊等等。

无论是市场原因、社会变迁还是体制束缚,很多非物质文化遗产发展的空间明显不足,传承能力不足。

(二) 管理机制不够健全

非物质文化遗产保护是一个国家文化事业发展的重要内容,需要政府部门与社会各界共同努力不断推进。目前北京市的非遗保护已取得了一定成绩,但在具体管理机制上仍有不少问题。首先北京市虽已成立了非遗保护中心,但专职工作人员不足,而且部分区县至今仍缺乏专职的保护机构与专业人员。这使得业务主管部门不能全面掌握传承人才队伍的整体变化情况,难以实施常态化管理,致使工作决策与政策制定受到影响,不利于非物质文化遗产的保护、研究与利用。如在调查中我们发现,由于政府尚未形成协调、配套的人才保护政策和体系,因而在经费补贴、工作支持与社会服务等敏感问题上缺乏完备的政策依据,且各区县之间政策存在一定差异,甚至在一些伤、病待遇方面存在着政策空白。2012年，北京市出台了《关于加强非物质文化遗产保护传承的扶持办法》作为地方性法规来规范北京市的非遗保护工作。但需要指出的是，《扶持办法》所提出的很多措施已大大超出了文化部门的职能范畴，需要财政、人事等多部门的支持。这对我们的管理机制提出了更高的要求，需要在未来的工作中持续推进。

（三）分类研究与专项研究不足

目前北京市的非遗成果宣传的成分较多，真正立足于田野调查、口述访谈的扎实成果仍然不够。我们首先需要从理论上认清非物质文化遗产的基本概念与传承体系，然后对其进行分类、专项的研究。从北京市前三批非遗项目的情况来看，传统手工技艺类非遗项目所占比例较大，但民间文学类非遗项目明显缺位且没有认定市级项目代表性传承人，17个民俗类非遗项目中也只有2位市级代表性传承人。这需要我们对非遗的谱系构成及其各项分支进行专项研究，从而为改善这一状况提出建议。在这方面，政府部门与高校的合作机制有待加强，虽然目前北京市已在3所高校设立非物质文化遗产研究基地，但高校与政府、非遗传承人之间的关系还未完全理顺，没有形成良性循环。这一定程度上影响了政策制定，同时也不利于高校科研的深入。

三、北京市非物质文化遗产项目的保护对策与相关建议

(一) 重视非物质文化遗产的活态保护

俗话说："活鱼要在水中看。"保护非物质文化遗产犹如池中养鱼，关键是要为"鱼儿们"营造出一个适合生长的客观环境。从这个角度说，对非物质文化遗产的保护，关键还是要为非物质文化遗产，特别是那些非物质文化遗产传承人，营造出一个更加宽松，也更适合其成长的生态环境。随心所欲地改变原有自然环境与人文环境，或是使传承人离开他所熟悉的原生环境，都会对非物质文化遗产的传承及非物质文化遗产传承人的正面发挥带来负面影响。

如果把"已经死去"的物质类文化遗产比作"鱼干"，非物质文化遗产则是一条"活鱼"。前者的保护方式主要是防腐，而后者的保护方式主要是养生。将非物质文化遗产搜集并记录下来固然重要，但说到底，做成标本存入库房并不是我们的最终目的。我们的真正目的是想让这些活生生的非物质文化遗产像水中之鱼一样，永远畅游在中国文化的海洋里，生生不息，永无穷尽。因此博物馆式的保存方式虽然需要，但绝不是非物质文化遗产保护的主要途径和最好方式。

(二) 非遗保护应尊重其固有的生存方式

非遗项目的存在方式是多种多样的。有的非遗项目只

是民间的一种自娱自乐、一种狂欢、一种祈福禳灾活动，并不以营利为目的。比如京西幡会、斋堂山梆子戏、大兴诗赋闲以及各种丰富多彩的民间花会等等，都是当地民众文化生活的一部分。也有许多项目是艺人谋生的手段，如各种风味饮食、各种专业的戏剧演出、许多民间手工艺品等等。尊重他们固有的生存方式也是保护非遗的原生态的重要方面。这一点在制定非遗保护政策时应该给予充分的考虑。如智化寺京音乐，现在就像是养在鱼缸里的金鱼。有的地方项目评为非遗后就不许再进行商演或商业性的经营。特别是一些民间的自发的祭祀娱乐活动被政府看中后进行包装炒作，变成官气十足、商业味十足的豪华的形象工程，民间味全失。民间的小吃、小手工艺原来在胡同小店里小本经营，现在把他们搬迁到豪华的大房子里，结果是赔本赚吆喝。

北京智化寺所传承的佛教音乐便是明显的一例。智化寺以前本是个佛教寺庙，但后来作为文物保护单位归属于市文物局，成了国家级文保单位。几年前，出于保护智化寺音乐的需要，当时的乐僧张本兴开始组建智化寺乐班。由于该寺不再归佛协主管，所以当时的乐手都是从河北乡下招来的农家子弟。对于当时的年轻人来说，能在北京生活，活计又不累，每月一千多块钱的工资也还算可以。但在社会上工资翻番的今天，一千多元的工资显然不能应付日常的生活开支，进入结婚年龄的他们也不能不考虑到结婚费用等问题。如果他们的身份是乐僧，他们便可以通过办堂会、办法事等方式来养活自己。但现在他们的身份不是乐僧，而是乐手，按原有签订的合同，他们只能是上午三场、下午两场，演奏给几个游客听，积极性很难调动起来。他们所熟知的智化寺音乐，也很难在现有体制上得到传播。可见，体制不改，智化寺音乐很难有效传承。

（三）坚持民间事民间办原则

在文化遗产保护工作中，政府、学界、商界、新闻媒体及各级文保组织的积极参与是十分重要的；但是，如果上述各界在参与过程中，忘掉了自己的身份而反客为主，势必化参与为"搀乎"，使文化遗产因我们的热情参与而遭遇"保护性破坏"，将活生生的"民俗"变成千篇一律的"官俗"。国内外非物质文化遗产保护实践已经证明，各级政府的过度干预常常会造成"大保护大破坏，小保护小破坏，不保护不破坏"的尴尬局面。

我们在充分肯定民间文化自主传承的同时，也并不排斥社会各界对非物质文化遗产保护运动的积极参与。但由于政府、学界、商界以及新闻媒体等毕竟不是非物质文化遗产的直接传承人，并不熟悉非物质文化遗产的传承规律，所以，在非物质文化遗产的保护过程中，必须明确自己作为局外人的这样一种特殊身份，以自己的方式，为非物质文化遗产保护做出自己的独特努力。

学界的作用不是自己亲自参与文化遗产的传承，而是通过深入细致的研究，从理论的高度，告诉每一位非物质文化遗产守望者们什么是文化遗产，为什么保护文化遗产和怎样保护文化遗产。要学会尊重民间艺术，学会欣赏民间艺术那种自然美、朴素美、原生美，而不是按着精英文化的模式来解读传统、改造传统，用京剧模式改造山梆子，用美声唱法改造民歌，用苏绣的办法改造京绣。

（四）非遗保护方案应避免"一刀切"

非遗保护是个非常细致的工作，非遗项目的生存方式与环境、面临的困难千差万别，每个项目都有自己的问题，因此应该具体问题具体分析，每项遗产都应该有一个属于自己的保护预案，避免保护模式的"一刀切"。而方案的制定首先应该建立在细致的调查研究的基础上。

比如，对于王冠琴、张本兴这样的年老体弱的传承人，能否在医疗上给予优先？对于北京绣鞋这样需要作坊的项目能否协助解决劳作空间？杨福喜、孔令民的作坊就是在政府协助下得到了很好的解决。空竹制作技术传承人张国良想建立一个空竹博物馆，中幡的传人付文刚需要堆放中幡的仓库。对于绣鞋、弓箭、料器、中幡、雕漆、北京琴书等这样的技艺繁难，难以找到传承人的民间项目，能否给学徒一些相当于助学金的补助，以解决学徒期间的基本生活问题。对于北京景泰蓝厂等利润较低的民间工艺工厂和非遗项目的个体经营者能否给予税收上的优惠？北京皮影剧团如果暂时还不能给固定演出场所的话，能否先给他们解决一辆能拉道具音响的车，让他们至少能够开着大篷车送戏上门，而不用每次都花钱去雇搬家公司的车？智化寺京音乐的乐师们已经不年轻了，以他们外地的户口、微薄的收入、枯燥的没有改变希望的工作，如何在北京安身立命？

　　这些琐碎的五花八门的问题，只是我们在一个暑期的调查中发现的众多问题中的一小部分。要想解决上述问题，一方面靠非遗保护机构，更主要的还是靠来自基层组织和社会各界的帮助。要在"微循环"上下功夫，一个项目一个项目地拿出方案，一个问题一个问题地解决。

　　另外还要注意，非遗保护不要对传承人进行过多的干预，更不要用行政命令的方式来管理传承人。古人云："治大国犹如烹小鲜。"成天开会、培训、填写各种各样的表格，只会影响到非物质文化遗产的传承。

（五）重视资金投入引发的种种问题

　　在非遗保护工作中，资金的投入必不可少，比如资料的搜集、整理、出版，各种拍摄设备的置办，各种公益性活动的举行，场地交通条件的改善，都需要国家经费的投入。近年来，我们虽然也有相当部分的经费上的投入，但与发达国家相比，还是非常悬殊的。这方面显然还需要进一步加强。但从另一方面看，经费如果投入过滥，或是没有将钱花到应该花的地方，有时反倒会影响到非物质文化遗产的正常传承。金钱是一柄双刃剑，和历史街区的保护一样，花钱有时会办坏事。

　　在调查中我们发现：由于媒体的过分炒作，致使许多传承人都萌生了让政府将他们养起来的想法，对各种经费的补贴也给予了相当的厚望。其实，就中国的具体国情而言，让政府给予高额补贴是非常不现实的。更何况如果真的实施起高额补贴,势必会给今后的申报工作带来不可避免的造假问题,造成新的腐败现象。而过分强调某个传承人个体能力也很容易影响其他传承人的传承热情,并带来平民传人贵族化等一系列问题,特别是在集体传承的项目中更要谨慎。

将传承人养起来不是一个好的思路,真正高明的办法是通过一定的激励机制让传承人动起来。输血的方式要谨慎采用,更多的应该采取造血的方式,为传承人打造一个发展的平台。在我们的调查中,许多传统商业项目的传承人如今成立了公司,当上了总经理,比如张国良的空竹、曹氏风筝、泥人张等等,还有几位老中医的传人开办了私人医院。非遗保护因进入市场而获得了良性发展。这一方面固然与传承人们的努力有关,但也不能忽视政府对这类传承的大力扶持与推动。如果采取输血方式来保护传承人,其最终结果,反倒是让传承人不思进取,躺在证书上睡大觉,最终断送了传统技艺。

如何为非遗的传承发展打造一个平台,如何帮助他们恢复、加强造血机能,这确实是个很难简单回答的问题。

(六)媒体的大力宣传与正确引导

在北京地区的非遗保护工作中,媒体发挥了相当积极、相当重要的作用。这些宣传对于普及当地非遗知识、推广正确的保护理念,都起到了事半功倍的作用。在我们的调查中,传承人们不止一次地表达了他们对于新闻媒体在宣传非遗方面功绩的充分肯定。雕漆大师文乾纲曾说,媒体对他的项目所发挥的作用太大了。在这个信息时代，新闻媒体的作用是不可估量的。米粮屯高跷会负责人也不止一次地希望能够得到电台、电视台的支持，说"只有这样，我们的高跷才能像京剧一样，在媒体的宣传下保持持久的生命力"。但问题并非没有。这些问题主要表现在现在的媒体宣传，多限于非遗活动的报道和介绍，而很少直接参与到非物质文化遗产传承保护工作中来。所以评书传人马琦说："如果你每天像播流行歌曲一样播放评书，有一个月我也红了。"

这样的工作，电台、电视台确实还需要进一步地加强。另外，在非遗保护理念的宣传过程中，由于理论功底先天不足，致使我们在宣传工作中也出现了许多误导——将许多错误的做法当成了正确的做法加以宣传和肯定，这对于非物质文化遗产的有效传承，显然会起到相当负面的作用。如用官办传习所取代民间自主传承的做法，用政府办学习班组织传承人系统学习、进修的做法，都很容易使"民俗"变成"官俗"，这对于我们保护非物质文化遗产的独特性和人类保护其自身文化的多样性来说，都是相当不利的。

（七）加强非遗传承与保护的理论研究

在北京地区，非遗保护工作的一个突出问题，是理论研究的滞后。虽然有关部门也举办过各种各样的讲座，或是针对本地区非遗保护而举办论文竞赛（这在其他地区也是不多见的），但理论建设整体水平仍有待提高。有些地方文化工作者连非遗的定义都没有搞清楚，报上来的非遗普查资料五花八门，把京酱肉丝、宫保鸡丁等菜谱都罗列为本地区的非遗项目。针对本地区非遗项目的专题性研究也还没有全面启动。我们认为，与一年一度的文化遗产日活动相比，将非物质文化遗产进课堂的活动扎扎实实地普及开来，并通过科研立项等方式，聘请学者从事本土非遗项目的调查与研究。同时，也可以考虑通过建立"临时性指定制度"等方式，将已经步入濒危的遗产保护起来，以确保本土优秀文化遗产不致流失。

第二章 三山五园研究

第一节　三山五园与清代旗人聚落变迁*

一、绪言

近年来，北京旗人社会的研究逐步成为明清史、北京史研究的一个热点问题。① 满族入主中原，建立起庞大的大清帝国，以往我们更多地关注其政治史与军事史，而忽略了其在社会运作机制如城市管理、人口调控等方面的举措，对其社会生活也关注不多。以北京为例，清政权定都北京，无疑给北京城市社会生活注入了新鲜的血液，我们所津津乐道的"老北京文化"无疑包括了很多满族文化的成分。因八旗驻军与皇家园林建设而在京西形成了大量的旗人聚落，其民间文化与聚落的社会变迁无疑也值得我们关注。这也是清代北京旗人社会与京西文化的重要组成部分，以往学者关注不够。另一方面，从清代北京皇家园林的研究来看，以往大量研究都关注于园林自身的历史变迁、园林

---

* 本文曾收入《三山五园和京西文化研究与保护利用——北京三山五园研究院学术研讨会论文集》，研究出版社2014年版，第137-146页。

① 代表性著作如刘小萌：《清代北京旗人社会》，中国社会科学出版社2008年版。

艺术、建筑与景观等，①缺乏对园林周边地带相关聚落的研究。我们应当将园林与周边聚落视为一个整体，揭示其历史演变的脉络，推动北京旗人社会与京西文化的研究。

按照地理学尤其是人文地理学的解释，"聚落"是指"人类各种形式的居住场所，在地图上常被称为居民点。聚落不仅是房屋的集合体，还包括与居住地直接相关的其他生活设施和生产设施"②。这里所谓的"旗人聚落"是一个历史概念，是指因八旗驻防及园林建设在三山五园地区形成的军营及相关村落，因这些聚落人员构成多以旗人为主，故称其为"旗人聚落"。本书主要依据文献与部分社会调查资料，力图还原清代以来三山五园地区的旗人聚落变迁轨迹。

二、八旗驻防与旗营聚落的形成

八旗制度是清代立国之本，清朝统治者一再宣称"我国家以武功定天下"，表明军事制度在其维护政权统治方面的突出作用。八旗制度不仅仅是兵制，而是集行政、生

---

① 以圆明园为例，相关成果有何重义、曾昭奋：《圆明园园林艺术》，科学出版社1986年版；张恩荫：《圆明园变迁史探微》，北京体育学院出版社1993年版；郭黛姮：《乾隆御品圆明园》，浙江古籍出版社2007年版；郭黛姮主编：《远逝的辉煌——圆明园建筑园林研究与保护》，上海科技出版社2009年版；张超：《家国天下——圆明园的景观、政治与文化》，中西书局2012年版，等等。

② 王恩涌主编：《人文地理学》，高等教育出版社2003年版，第219页。

产、军事职能于一体的独特社会组织形式。入关之后的八旗，有禁旅与驻防之分。本着居重驭轻的原则，清廷将精锐集于京师，平时镇守中央，有事调集出征。八旗额兵二三十万，隶属于禁旅者10万有余；而绿营兵隶禁旅者唯京师五城巡捕步兵，定制也仅1万人，可见八旗兵在禁旅中占据着绝对优势。①

清廷入主北京之后，实行满汉分城而居的政策，内城成为"满城"，八旗兵丁依照五行原则分别驻扎。此外，为适应政治与军事的特殊需求，还形成了一些特殊兵种，如护军营、前锋营、火器营、健锐营、神机营等，同时还兴建了大批营房。这也是清廷面对京师旗人人口迅速膨胀而采取的应对举措之一。②

雍正二年（1723）建立圆明园护军营，乾隆十四年（1749）建立香山健锐营，乾隆三十五年（1770）建立蓝靛厂火器营，三支旗营都建立在北京西北郊。这也正是清代三山五园分布的主要地域。有清一代，圆明园护军营、香山健锐营与蓝靛厂火器营并称为京西拱卫京师的三大旗营，也即是"京旗外三营"。③清代震钧在《天咫偶闻》中提到"盖京营之制别，香山、圆明园、蓝靛厂为外三营，凡京营禁旅皆出于是。"可见外三营在京师禁旅中的地位尤为重

---

① 定宜庄：《清代八旗驻防研究》，辽宁民族出版社2003年版，第1页。

② 韩光辉：《北京历史人口地理》，北京大学出版社1996年版，第304-305页。

③ 柳茂坤等著：《京旗外三营》，北京出版社2000年版。

要。他还指出，这里出了大批能征善战的名将如塔齐布等，"缘其地去城既远，不甚染繁华靡丽之习，号令严明，尚存旧制"①。可见其管理严格，当时人即对此印象深刻。

　　围绕着三大旗营，陆续形成了严密的驻防体系。如圆明园的驻军即是环绕着圆明园分旗驻扎。据史料记载，"圆明园八旗护军营房八处，分旗驻劄。"其中，"镶黄旗营房在树村西，护军参领等廨舍共六十有五楹，护军校、护军等官房共一千四百八十五楹；正黄旗营房在萧家河北，护军参领等廨舍共六十五楹，护军校、护军等官房共一千四百八十五楹；正白旗营房在树村东，护军参领等廨舍共六十五楹，护军校、护军等官房共一千四百六十四楹；镶白旗大营房在长春园东北，副护军参领等廨舍共三十九楹，护军校、护军等官房共一千一百六十七楹。"另外四旗，"正蓝旗营房在海甸东，镶蓝旗营房在广仁宫西，正红旗营房在安河桥西北，镶红旗营房在静明园东北。"②其营房数大致相当。（图45）

　　香山健锐营的设立也随之产生了大批旗营聚落。据《清实录》记载，乾隆十三年（1748）十月戊戌，"阅八旗演习云梯兵，驻跸静宜园"③。云梯兵即是健锐营。乾隆十三年（1748），乾隆帝得知平定四川金川的清军对土司莎罗奔设在山隘的碉楼久攻不下，便决定在香山脚下仿照金川碉

---

①（清）震钧：《天咫偶闻》，北京古籍出版社1982年版，第203页。
②（清）于敏中等编纂：《日下旧闻考》，北京古籍出版社2001年版，第1214—1215页。
③《清实录》乾隆十三年十月戊戌条。

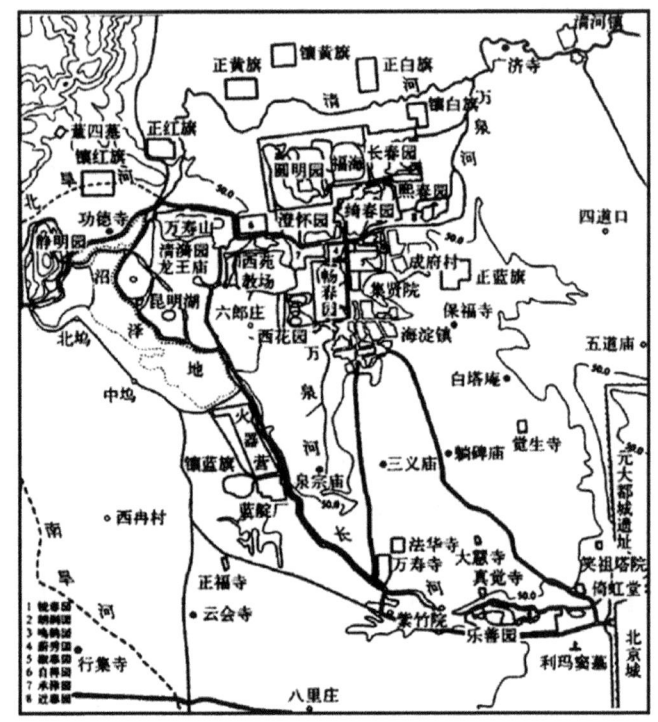

图 45　圆明园周边旗营与聚落分布图

楼,从前锋营护军内选拔年壮勇健者 2000 人,操习云梯,演练攻克之术。经过一个月的训练即参加征服金川的战争。乾隆十四年(1749)得胜回京之后遵照乾隆谕旨,专设一营演习技艺,作为缓急之用,命名曰"健锐云梯营",又称"健锐营"。① 随后,乾隆帝多次驻跸香山静宜园并检阅健

---

① 柳茂坤、白鹤群:《京旗外三营》,北京出版社 2000 年版,第 2 页、第 5 页。

锐营。如乾隆十五年（1750）六月，"壬申，上幸静宜园驻跸，翼日如之。阅健锐营兵。"①健锐营八旗营房的布局犹如鸟的两个翅膀，由静宜园宫门两侧向东（左）南（右）两个方向伸展。左翼四旗沿静宜园北山南麓由西到东至娘娘府，依次是镶黄旗、正白旗、镶白旗、正蓝旗。其中镶黄旗分为东、西、北三营，在佟峪村西，有碉楼9座；正白旗位于车公府西，有碉楼9座；镶白旗在小府西，有碉楼7座；正蓝旗位于道公府西，有碉楼7座。右翼四旗沿静宜园西山东麓由北至南到魏家村。其中，正黄旗位于永安村西，有碉楼9座；正红旗在梵香寺东，有碉楼7座；镶蓝旗在礼王坟西，有碉楼7座；镶红旗位于宝相寺南，有碉楼7座。②

随着大量旗营的建立，八旗人口也逐步增长。据《大清会典事例》，到乾隆五十年（1785）已出现"圆明园设立兵丁已经六十载，滋生人丁众多"的局面。直到1914年，据京师巡警总厅对圆明园驻防官兵的户口统计，满蒙驻防圆明园八旗共计4306户，17061人。③旗人驻军及其家属，加上服务于园林的村落人口，在清代已形成了一定规模。这些由旗营构成的聚落，四周建有围栏，内有十字形街道和成排的营房，有不同于周围自然村落的生活与习俗，构成本地区村

---

① 《清实录》乾隆十五年六月壬申条。
② 侯仁之主编：《北京历史地图集·清西郊园林》，北京出版社1988年版，第51页。
③ 京师巡警厅：《圆明园八旗官兵户口统计册》，1914年版，中国第二历史档案馆藏。转引自韩光辉：《清代圆明园八旗驻防的设立及其户口演变与户口特征》，《清史研究》2000年第1期。

落发展史上一道独特的风景线。在清朝,如上的散布在圆明园及香山周边的八旗护军驻防地,虽然其聚落形态与村落没有多大差别,但就其性质与功能来说,却是真正的军营。在清亡以后,这些军营才演变为村落,村民与原来所驻防的旗分相同。① 因此,我们现在还能在圆明园以及香山脚下看到很多以八旗命名的村落(图46),这正反映出自清代以来三山五园及其周边地区的社会变迁。

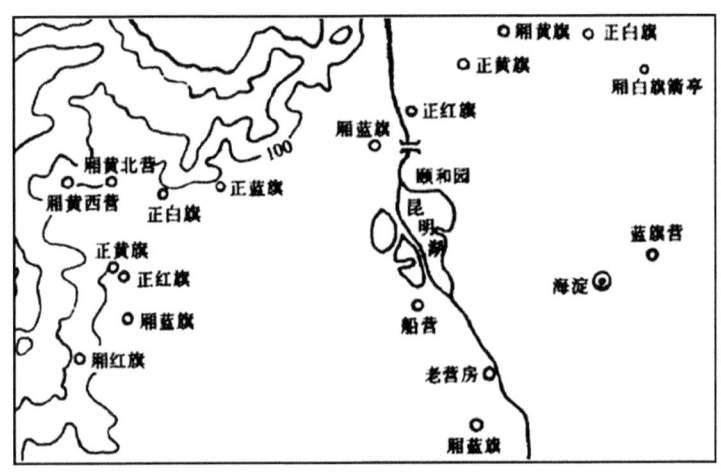

图46 圆明园与香山周边八旗聚落示意图

(引自尹钧科《北京郊区村落发展史》)

---

① 尹钧科:《北京郊区村落发展史》,北京大学出版社2001年版,第270页。

二、地名所见旗人聚落变迁

三山五园地区的旗人聚落经历清代由盛而衰的发展历程之后，很多村落逐步消失或演化为一般的居民点，但地名很多都保留了下来。透过这些地名，我们可以一窥当时的历史图景。典型的如蓝旗营、哨子营以及香山周边的旗营村落。

蓝旗营因八旗驻军营房而得名，属圆明园护军蓝旗营地。雍正二年（1724）为加强圆明园及周边地区安全，从京城八旗护军营中抽调5700人，内务府三旗护军300人，组成圆明园八旗护军。《大清会典》记载，"圆明园八旗护军营房八处，分旗驻扎"。其中正蓝旗营房在保福寺北。正蓝旗全盛时期，营区呈正方形，东南缺角，周建围墙，设东西南北四门。1918年10月，参战军军官教导团印制的地图标为"正蓝旗"。圆明园护军正蓝旗又称蓝旗营。1932年《北平市自治区坊所属街巷村里名称录》称"蓝旗营"，属第15自治区第22坊。1953年《北京市街巷名称册》称"蓝旗营村，靠近清华大学，门牌起止号码1—231，属海淀分局大钟寺派出所管辖。"① 1992年出版的《北京市海淀区地名志》称：蓝旗营属中关村街道办事处管辖，位于海淀区中部偏东，其东至清华园中学西围墙和中关村北二街，与三才堂居民区为邻，西至清华南路，南至中国科学院仪器

---

① 徐征：《海淀地名典故》，北京出版社2003年版，第86-87页。

厂和电子研究所，北至清华大学南围墙。共有居民681户，2517人。其中汉族2248人，满族164人，蒙古族58人，回族44人，其他民族3人。除营房基地之外，这里原来还有旱地与庄稼地。1911年之后，旗人逐渐搬离。1949年之后，陆续迁入大批新居民，改建旧房，新建许多红砖居民房，形成了居民区，仍沿用旧名。①

另一个与八旗驻防密切相关的村落是哨子营。哨子营原为拱卫元大都的蒙古兵营，明代称为"鞑子营"、"骚子营"，后音转为今名。②据《宛署杂记》的记载，"县之西北，出西直门一里曰高郎桥，……又二十里曰鞑子营。"③这里的鞑子营就是哨子营。明代中原百姓对蒙古军及其相关部落统称"鞑靼"或"骚鞑子"，其得名或与此相关。清代康熙年间改"鞑子营"为"鞑官营"，乾隆年间又改名为"达官村"，与圆明园比邻而居。负责拱卫圆明园的旗营，营下分哨，以左、右、前、后区分，以千总总领领之，哨下分司，以把总领之。基于此，《北京市海淀区地名录》称："哨子营原是雍正二年（1742）所设圆明园护军八旗营房下属的哨卡，民国初年的地图标为骚子营。"④1953年《北京市街巷地名册》称"骚子营、骚子营后街、骚子营居民区"，均属海淀分局青龙桥和肖家河派出所管辖。1992年《北京市海淀区地名志》称"哨子营，有居民955户，2234人，属

---

① 《北京市海淀区地名志》，北京出版社1992年版，第80页。
② 徐征：《海淀地名典故》，北京出版社2003年版，第132页。
③ （明）沈榜：《宛署杂记》，北京古籍出版社1983年版，第41页。
④ 《北京市海淀区地名志》，北京出版社1992年版，第97页。

青龙桥街道办事处管辖"①。这一村落元朝时是军卫；到明朝被蔑称"鞑子营"；清初称"鞑官村"、"达官村"，清末称"哨子营"；民国时期因排满的原因又讹贬为"骚子营"；1980年代复称"哨子营"。军事驻防性质之外，反映出强烈的时代变迁色彩。

香山周边的旗营村落就更多，据笔者梳理有关资料及与学生在香山地区的初步调查：正黄旗曾是清代健锐营正黄旗小营营房；正蓝旗曾是清代健锐营左翼正蓝旗营房；正白旗曾是清代健锐营左翼正白旗驻地；红旗村曾是清代健锐营右翼正黄旗、正红旗营房，1949变为现在的名称；厢黄西营曾是清代健锐营左翼镶黄旗西营驻地；厢黄北营曾是清代健锐营左翼镶黄旗北营驻地；厢黄南营曾是清代健锐营左翼镶黄旗南营驻地；新营曾是清代健锐营左翼镶黄旗新营驻地；厢蓝旗曾是清代健锐营右翼镶蓝旗营地，取谐音为今名；厢白旗曾是清代健锐营右翼镶红旗营地，取谐音为今名；厢红旗曾是清代健锐营右翼镶红旗营地，取谐音为今名。故而香山周边的旗营村落更加典型。（图2）

清代北京的城市建设主要体现在西北郊的皇家苑囿，三山五园即是其杰出代表。三山五园因帝王的长期驻跸与园居理政而有了防卫需求，故而园林周边的旗营聚落相继发展起来。我们透过历史文献与地名遗存，基本可以把握其历史变迁的基本轨迹，也是我们了解清代皇家园林历史文化演变的重要途径。

---

① 徐征：《海淀地名典故》，北京出版社2003年版，第134页。

第二节　清代北京旗人社会生活管窥
——以《成府村志》为例*

清代北京城市生活史的研究，近来成为学界与大众传媒关注的热点问题之一。清代自顺治初年命汉人移居外城，满人居内城，形成了旗民分居制度。清代内城乃"旗人社会"，外城则因宣武门外汉族士大夫的聚居而形成了独具特色的宣南文化。这是我们理解清代北京城市文化史的重要制度背景。

清代统治者在外城的建设主要体现在皇家园林的兴修。随着三山五园的兴起，帝王驻跸的时间越来越长，三山五园周边的旗人聚落也逐渐发展起来。

笔者最近读到民国年间金勋的《成府村志》，深感其记载清代和民国北京满族村落的礼仪、风俗习惯与社会生活等内容之丰富。①

---

* 本文原刊于《北京科技大学学报》（社会科学版）2014年第4期。
① 《成府村志》，收入《中国地方志集成·乡镇志专辑》(第29册）。关于成府村的研究，笔者目前见到的有毕琼《成府村研究》，《北京档案史料》2004年第4期；另外，民国年间陈达发表的《社会调查的尝试》，《清华学报》1924年第1卷第2期，有专门对成府村的调查，较为详细。

第二章 三山五园研究

一、金勋与《成府村志》

金勋（1882—1976），字旭九，满族人，生于海淀营造世家。他12岁前在圆明园正觉寺出家当喇嘛时就经常出入于圆明园中，并与总管太监关系极好。他家中开设天利木厂多年，其先辈曾承担圆明园、长春园的建筑工程，他本人也比较熟悉营缮事物，尤谙彩船画舫。[①] 由于很早就与圆明园各色人等打交道，加之自己从小在这里长大且记忆力极强，故而他留下的资料受到学界的重视。他曾在北平图书馆工程阅览室工作，其1924年绘制的圆明园图是较早的一幅圆明园全图，是此后从事圆明园研究重要的参考资料，他还为圆明园研究留下了难得的资料。[②] 除留下众多与圆明园相关的史料与研究考证作品之外，金勋先生还对北京史地颇有研究，注意珍贵文献的保存。其中《妙峰山志》与《成府村志》即是其代表，前者已成为研究妙峰山的重要资料，后者对我们了解成府村以及圆明园周边环境与社会变迁更是不可多得的珍贵史料。

金勋先生自称"余生长于西郊，留心村俗久矣"，而"西郊之村以成府村稍有统系，较他村亦为完整，人物风俗

[①] 赵光华：《长春园建筑及园林花木之一些资料》，载中国圆明园学会筹备委员会主编：《圆明园》第3辑，中国建筑工业出版社1984年版，第1页。

[②] 《金勋编写的圆明园文献资料三种》，载舒牧等编：《圆明园资料集》，书目文献出版社1984年版，第189页。

掌故均有特征"①,故而有村志之作。王威先生在其所著《圆明园》一书中提到,金勋先生即是成府村人。②据村志内容,金勋先生在书中对书铺胡同以南村庄的介绍最为详尽,每一个院落的居民姓名、职业乃至生平都有记载。据村民介绍,金勋先生就曾住在书铺胡同3号。《成府村志》写于民国二十九年(1940)。据侯仁之先生讲,金勋先生晚年家中经济状况不好,只得将村志的稿本出售。③该稿本为中国科学院图书馆收藏,笔者所见的首都图书馆影印本与《中国地方志集成·乡镇志专辑》所收版本均据此影印。

二、成府村概况

成府村在北京西郊,"海甸东北里许,北界万春园,西界勺园,东界旱河",是伴随清代西郊园林建设而逐步兴起的村落。村志称"该村建于明,为明代一溜边山之七十二府,此村乃其一也。成者明成王之府也。"这里的一溜边山七十二府,指的是海淀区从玉泉山北面的金山往西到香山脚下,这里是山地与平原交接之处,是历代帝王贵胄、文人墨客涉足游憩的佳境,向来被认为是"风水宝地"。明代宛平县令沈榜曾提到,"西山一带形势稍胜者,非赐墓、敕

---

① 《成府村志·序》。
② 王威:《圆明园》,人民出版社1957年版,第53页。
③ 毕琼:《成府村研究》,《北京档案史料》2004年第4期,第237页。

寺，则赐第、赐地"①。而据张宝章先生《京西名墓》一书的统计，这里明代皇族男女的坟墓多达158座，明景泰帝朱祁钰的坟墓也葬在这一带。②因此，明清时期这里的王府宅邸与贵族墓地均不鲜见。（图47）

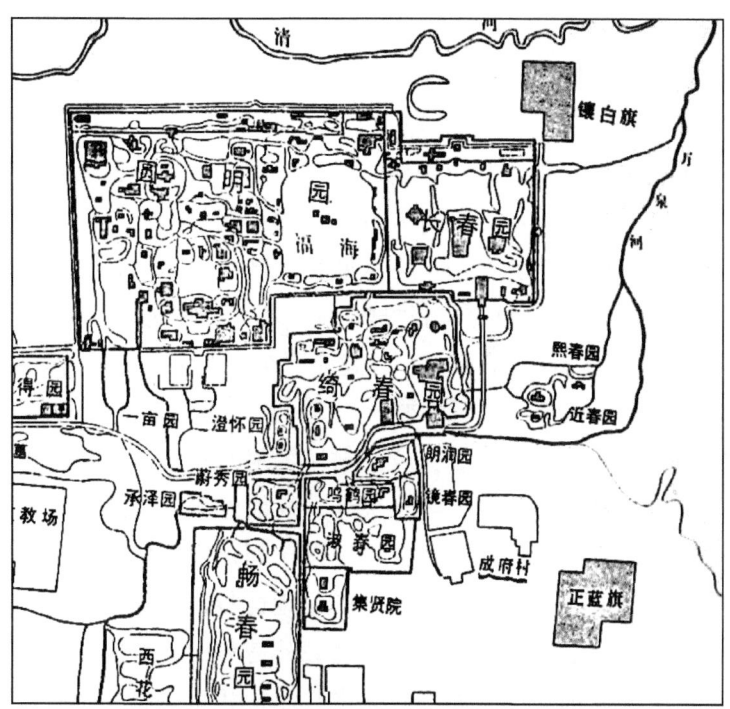

图47 清代西郊园林与成府村位置示意图
（引自侯仁之《北京历史地图集》）

---

① （明）沈榜：《宛署杂记》，北京古籍出版社1983年版，第32页。
② 张宝章：《京西名墓》，北京燕山出版社1996年版。

从成府村的情况来看，这里原来属于海淀镇附近的一个小聚落。清初随着三山五园的兴建，开始有八旗旗民迁入居住，并且在村中修建营房和街道，初见繁荣。民国年间陈达等所做社会调查的分析称，成府村在明代形成村落，最盛的时期当属康熙四十八年（1709）圆明园建成之后，因为当时在圆明园当差的人大半将其家眷搬到成府村居住，所谓"吃皇粮"，于是该村日以繁富，至嘉庆年间（1796—1820）而尤盛。[①] 另外，村志记载，雍正八年（1730），成府村成立献供香斗膏药盛会，每年农历四月初，都会前往金顶妙峰山进香，这是官方有成府村记载的开始。到了乾隆初年，皇帝建长春园，将水磨村北部圈入建园范围，当地住户被迁到成府村界内建房居住，村子规模进一步扩大，形成了商业街铺、酒肆，和因建园而孕育的工厂、作坊等。咸丰十年（1860）圆明园被毁，该村旗人也逐渐没落下去。到了光绪年间，河北省文安县村民为避水灾，有大量难民逃亡成府村，这是村子第一次有大规模外乡汉民迁入，使村中风俗也有所变化。而到了民国年间，因清华大学和北京大学两所学校收购村子周围的用地建校，使得成府村夹在两所名校之间，成为当时北京城外有名的文教区，还出现了新式店铺：西服店、新式文具店，和新式农场、教堂等，村中风气大变，不失为社会大变革的缩影。

成府村村民的情况，通过村志也可以勾勒其概貌。成府村建设之初，人口构成已不可考，但根据村志中的记载，

---

① 陈达：《社会调查的尝试》，《清华学报》第1卷第2期，1924年12月。

到了清代，村中为旗民杂居。旗人可能来源于康熙年间迁入的旗民，和后来为了建园护园而留下的旗民子弟。至于普通民人，除当地的土著居民之外，从文安县逃难至此的村民占大多数，因此村中风俗旗汉迥异，有一定的特色。民国年间的调查显示，在20世纪20年代，成府村住户在大约200户以上，400户以下。①

村中住户所从事的职业五花八门，有很多人从事与园林或皇室相关的工作：如因修清东陵而起家，开有天利木厂，后来还修过颐和园、万寿园中部分景点及东西两陵的金家一门（金勋先生本家）；宅院跨三座大门，也曾为天利木厂经营者，于同治年间重修圆明园中路九州清晏的安姓一家；经营忠和局油画作坊，承做过颐和园中的油饰彩画的刘姓一家；经营义成木厂，在咸丰年间为圆明园工程负责修粘补活的燕姓一家；颐和园苑副李艺臣、醇亲王府章经李六、御医冯仲平、外交部大厨房经理张万生等等。此外，村中亦有从事其他职业的，如养花的、扎风筝的、经营柴米油盐或者酒肆店铺的、剃头的、卖兰花豆的、养鸟养鱼的、开赌场的、经营当铺的、做首饰珍玩生意的等等。由此可见，村中不乏有学识和有手艺的人，家境殷实。但他们当中的很多人，到了清末都抽起了大烟，导致家产败落、家族没落，这无不是时代变迁的反映。

直到民国年间，这一格局仍未发生大的变化，即做工的人数占据村中人户职业的多数，如瓦工、木工、织席、

---

① 陈达：《社会调查的尝试》，《清华学报》第1卷第2期，1924年12月。

厨师、人力车夫，多在北京以及通州一带做活。其次就是军人，只是此时当兵已不复昔日旗人的待遇优厚，很多人家境贫苦。做生意的也多是小本营生，所谓"挑挑儿"，沿街叫卖。从调查的情况看，多数属于社会的中下阶层，社会较为贫苦。①

三、村落所见旗人社会风俗

成府村是个很有特色的旗人聚落，透过村落中的社会风俗诸如婚丧嫁娶等，我们可以了解清末民国年间北京旗人社会的变迁。

村中婚嫁大概步骤为：两家通过媒人看中意后，换小帖儿以示订婚；男家做金戒指一对，称为放小定，选择吉月，女方选择吉日。确定吉日后撒帖子请人、备宴、搭棚子。成府村中厨役多为内廷膳房官厨，因此做饭十分讲究，蒸炸煮烙、呛炒熘烩，样样俱全。娶亲时，女方派出送亲太太送、男方派出娶亲太太迎，八抬大轿到新郎家后，要经过迈火盆、射邪气、吃子孙饽饽等诸多礼节，礼成后方可入洞房。到了第二天，新媳妇再去给公公婆婆请安敬茶，给家中孩子们发红包，算是完整的成婚礼。

村中葬礼。首先，在家中院内搭棚子，用以停灵，棺材停月台前，月台之上设有灵牌，放油纸糊的童男童女；

---

① 陈达：《社会调查的尝试》，《清华学报》第 1 卷第 2 期，1924 年 12 月。

月台下有桌子，桌上陈列贡品瓜果。有钱人家还会在桌子上放一个制作精美的都城模型，分为上中下三层：上层正中有馒头，周围插有红绿的纸旗，馒头正中有一根旗杆，上有黄色的幡子。城有红色城门四座，门上绘着守门的判官鬼怪。下层寓意酆都鬼城，四面有彩色糯米捏成的戏剧场景，像二进宫、双锁山、穆柯寨等等。棚子两侧有金字挽联，若死者是妇人就写驾返瑶池、孟母仇氏，是男人就写驾鹤仙游、西方正路。客人陆陆续续到达吊唁，亲朋好友间哭啼一阵，再请附近寺庙道士或和尚念经超度，再由孝子孝妇领队出殡入葬。

旗人孝子戴黑布官帽，着黑色服装，不戴帽顶红缨；妇女不盘辫，均戴孝箍，出殡时立幡杆，一路黑压压的行走。此外，当一行人回到家中，孝子要预备铜盆一个，菜刀一把，凡是出过殡的，都要将菜刀在盆边磨三下，意味着与逝者的告别。

四、寺庙、香会与旗人的社会生活

作为自清代中叶逐步发展起来的聚居村落，其宗教活动也高度发达。村志记载："家家皆拜像奉佛，兼有奉回教三五家。该村富家俱有佛堂或祠堂祀祖，平等住户在住室迎门俱供佛龛。"① 可见该村对宗教尤其是佛教与家族观念的尊

---

① 《成府村志·宗教风俗》。

崇。此外，村落内与周边的庙宇在成府村民众的日常生活中有着重要影响，成为其生活空间的重要载体，这也是清代北京社会生活中的普遍现象。①民国年间社会调查的结果显示，成府村住户的祖先崇拜观念较盛，调查的84户中有25户崇奉祖先，23户崇奉灶王，16户奉佛，15户奉财神。当然，这中间有交叉，即一户有可能同时供奉多个神祇。②可见，这些信仰观念在民国年间仍有很大影响力。

关于成府村的庙宇，村志记载有如下几座："本村庙宇有佑慈宫、太平庵、兴隆寺、正觉寺、广惠宫，尚有五圣祠四座，关帝庙一座。"③小小一个成府村居然分布着大小10座庙宇，可见人们信仰活动的丰富多样。其中，广惠宫俗称刚秉庙，在成府村东南角吉永庄，由太监兴建，其正殿祭祀碧霞元君，北配殿则供奉刚秉塑像。村志还提到，刚秉是太监祖师，故而该庙累次复修均有太监参与。而且刚秉庙内南配殿还建有私学，教授村中幼童，民国年间更是成府村施粥厂的所在地，④可见该庙已经成为村落社会公共空间的重要组成部分。此外，兴隆寺也是太监庙，乃恭亲王重修，在当时的成府村西街朗润园对门，不对外开放。

---

① 参见拙文：《老北京的节日、寺庙与城市生活空间——以〈北平风俗类征〉为中心》收入《北京学研究2013：文化·产业·空间》，同心出版社2013年版，第169-177页。

② 陈达：《社会调查的尝试》，《清华学报》第1卷第2期，1924年12月。

③《成府村志·庙宇》。

④ 陈达：《社会调查的尝试》，《清华学报》第1卷第2期，1924年12月。

第二章 三山五园研究

成府村有两处庙宇都与宦官有关，可见宦官群体在明清时期的北京有着很大的活动空间。① 而五道庙、太平庵与关帝庙三庙相连，俗称"十步三座庙"。

尤其值得一提的是，太平庵、佑慈宫两座庙宇又与本村的香会密切相关，这也是我们理解传统时代民间香会组织的重要史料。上文提到，官方文献中正史有成府村的记载是源自雍正八年（1730）年的献供香斗膏药会，这一组织直到光绪末年仍然兴盛。

这一香会组织在成府村的主要活动地点即是佑慈宫与太平庵。佑慈宫俗称膏药庙，在成府村夹道路北，因成府村膏药圣会熬膏药之地而得名。膏药圣会每年四月初旬上山，三月十五日各会首在太平庵召开会议，商议本年度香会运作的具体事宜。每年轮流推举四位会首值年，前往京西妙峰山金顶灵感宫进香，将香斗膏药供品等献上。香斗膏药圣会的方子是雍正八年（1730）的老方子，名为神效万应膏，由长生堂购办，每次熬制三百斤，熬成之后在太平庵保存。② 村志还提到，成府村的香斗膏药会本来每年四月初五上山，但因人多势众，妙峰山和尚请求该会推迟两天上山，数年之后又要求初十上山。于是，后来每年的四月初九日，该香会就在成府村的太平庵安坛设驾，高搭席棚，还特意陈列嘉庆帝时孝和睿皇后所赐九龙曲柄黄伞、圣旨龙旗牌与龙棍。该会的

---

① 已有学者指出明清时期的宦官在民间社会具有广泛的影响力，参见赵世瑜、张宏艳：《黑山会的故事：明清宦官政治与民间社会》，《历史研究》2000年第4期。

② 《成府村志·庙宇》。

蟠龙棍走会时，打死人白打，因此其他香会与妙峰山的和尚住持都惧怕此会上山，[①]可见其声势之盛。

由此可见，成府村的庙宇除满足村民不同信仰活动的需要之外，更是村内的公共空间，也是村民所结成的社会组织的主要活动地点，在维系乡民的礼仪规范、社会生活等方面起到了举足轻重的作用。成府村的香会组织，一方面体现了民间社会的自发行动，另一方面又因皇家权威的介入而具备了准官方的色彩，使其运作具备不同于一般香会的特色。这正是由成府村靠近皇家园林与帝国权威的特点所决定的，也让我们重新思考明清时期官方与民间组织互动的历史过程，成府村的香会组织无疑提供了一个很好的个案。

五、余论：成府村所见旗人社会变迁

成府村于明代成村，因清代皇家园林的修建而逐渐发展兴盛，到清末随着圆明园的被毁而逐渐没落。成府村的个案让我们看到皇家威权对一个郊区村落的巨大影响。可以说，旗人社会的形成与发展无一不体现出皇权政治的因素，无论是皇家园林的兴修与村落早期旗人聚居现象的产生，还是英法联军入侵与晚清时期满族政权没落造成的旗人生活困境。可以说，成府村这一旗人聚落的变迁让我们

[①]《成府村志·膏药会》。

看到的是清代政局变化的缩影。

当然，成府村也有自己的特色，发展出了独特的民俗以及大量的民间会社、庙宇等，但在这些民间组织中我们仍然看到了皇权的身影，诸如嘉庆孝和睿皇后的御赐九龙曲柄黄伞、因慈禧赏识而迅速发展的秧歌会等等。成府村特殊的地理位置是其聚落变迁的重要背景，紧靠三山五园的特殊区位使其形成了独特的人口结构、行业生态与宗教氛围。

到民国时期，成府村更因大学校区的扩建而逐步被燕京大学、清华大学购置，一时间"成府村大为兴盛，风俗为之一变。成府界清华、燕京两大学之中心，已成文化区域"①。真所谓世易时移，成府村自此打开了新的篇章。这也正是近代变迁的直接体现。

---

① 《成府村志·成府之变迁》。

第三节　清代三山五园地区旗人风俗礼仪谱系研究

三山五园是清代皇家园林的代表，自建成之后即引起中外学界的广泛关注。从清代北京皇家园林的研究来看，以往大量研究都关注于园林自身的历史变迁、园林艺术、建筑与景观、政治文化等，①对其整体历史文化谱系的研究不够。另一方面，风俗礼仪或称"礼俗"的研究近年来也成为社会史、文化史研究的重要内容，诸如衣食住行、医疗养生、娱乐游戏、日常禁忌等生活礼俗史的研究渐趋活跃，但较之于民俗学与社会学等学科，历史学者的参与仍嫌不足，且与自然环境、生态相关的礼俗史研究相对较少。②风俗礼仪是皇家园林文化的重要组成部分，然而对皇家园林中体现的风俗礼仪进行系统梳理的成果并不多见。

---

① 以圆明园为例，相关成果众多，代表性著作如何重义、曾昭奋：《圆明园园林艺术》，科学出版社1986年版；张恩荫：《圆明园变迁史探微》，北京体育学院出版社1993年版；郭黛姮：《乾隆御品圆明园》，浙江古籍出版社2007年版；郭黛姮主编：《远逝的辉煌——圆明园建筑园林研究与保护》，上海科技出版社2009年版；张超：《家国天下——圆明园的景观、政治与文化》，中西书局2012年版。

② 刘增贵：《中国礼俗史研究的一些问题》，载第三届国际汉学会议论文集《法制与礼俗》，台湾"中研院"历史语言研究所2002年版，第157—163页。

笔者以此为考察对象,力图对相关问题进行初步探索。

一、"大传统"、"小传统"与皇家园林风俗礼仪谱系之建构

本文所涉之风俗礼仪与古代文献中的"礼俗"一词含义基本接近。然而"礼俗"本身从内涵到外延都很难精确界定,学界对礼俗的概念界定也并不一致。①如有学者认为,"礼俗"一词常与"风俗"、"民俗"互称,然语意有区别。民俗本指民众习俗,较强调其民间性。在研究上也基本忽略上层生活风习,尤其是礼法的一面。风俗则更多时候是指民众随风土不同而形成的习性,所谓"百里不同风,千里不同俗"。至于"礼俗",则既包含了民俗、风俗等"俗"的概念,也包含了具有规范性的"礼"的层面,兼及社会各阶层。礼俗较民俗或民间文化的内涵更广泛,如岁时节庆并不只是一种民间的习俗,也列于官方礼典,而阴阳五行观念则贯穿于政治、社会、文化的每一个层面,更不能只从民间层面去了解。故而,礼俗一词正可说明中国习俗

---

① 关于中国古代文献对"俗"、"礼俗"之定义及其之间的复杂关系,参见杨志刚:《礼俗与中国文化》,《复旦学报》,1990年第3期。他在《中国礼仪制度研究》一书中更提出"礼俗复合系统"的概念,认为礼俗既有差异性的一面,也有同一性的一面。礼俗在后来的发展中逐渐演化为一种社会调控的机制,其既调适又冲突的矛盾运动的总趋向是礼对俗的钳制力不断加强,最终影响了"文化中国"的性格与走向。(华东师范大学出版社2001年版,第559—567页)

的特点。①还有学者提出,"风俗带有自然形成的、无意识的自发性,而礼俗则赋有规范的、有意识的自觉性;礼俗内涵窄于风俗,而层次高于风俗。"因此,礼俗是习俗的规范化,是依"礼"透过教化的规范所形成的"俗"。②更有学者认为,"礼俗是国家礼仪规范在民众生活中的投射,背后隐含着国家试图传递的观念。国家礼制与民间风俗交叠的部分,构成了礼俗的内容。"③后两位的定义均将礼俗界定在一定范畴内,有其合理性。而笔者在这里所界定的礼俗则是相对更开放的概念,与上引台湾学者刘增贵先生的观点较为接近。笔者认为,"礼俗"或者说礼仪与风俗其实是连接国家与民众的重要载体,国家礼制与民间风俗二者其实互相影响,国家礼仪规范自然对民众生活有一定影响,但民间风俗习惯未必对上层礼仪文化毫无作用。

我们可以借用美国人类学家雷德菲尔德(Robert Redfield)提出的"大传统"与"小传统"的概念对此加以解读。雷德菲尔德在1956年出版的《乡民社会与文化》一书中提出了"大传统"与"小传统"的概念。前者代表着国家与权力的、由城镇知识阶层所掌控的书写文化传统;后者则代表着乡村的、由乡民通过口传等方式传承的大众

---

① 刘增贵:《中国礼俗史研究的一些问题》,载第三届国际汉学会议论文集《法制与礼俗》,台湾"中研院"历史语言研究所2002年版,第158—160页。

② 王贵民:《中国礼俗史》,台湾文津出版社1993年版,第5页。

③ 张佳:《新天下之化——明初礼俗改革研究》,复旦大学出版社2014年版,第5页。

文化传统。① 他认为人类学是从研究社会分化较小的部落文化中发展起来的，而从这类"简单社会"中发展起来的分析方法如被直接移植到"复杂社会"的研究中则会出现一些问题。故而他提出了复杂社会中一些应当注意的问题，如乡民与绅士、农村与城市以及"小传统"与"大传统"的区别与关系。有学者指出其理论的两大局限："一是他没有注意到两种传统中各自存在的内部分化"；"二是他把'小传统'看成是被动的、没有体系的文化，把都市的文本传统看成是文化发展的动力中心"。②

基于此种修正，我们也可以认为清代以来的三山五园地区，既存在以皇家与官方为代表的上层礼仪制度习俗，同时也存在以八旗驻军营房、旗民村落等为主体的民间习俗与民间文化。由于清代帝王的长期园居理政与游憩驻足，皇家宫廷礼俗自然成为三山五园历史文化谱系的重要内容。清代宫廷礼俗在皇家园林中有直接的反映，其建筑的选址、布局与设计，官方礼典中规定的节庆、祭祀等活动在园林中均有体现。更由于园林的兴建，大批服务于园林的八旗驻防军营、工匠人口与园户等纷纷入驻，使得三山五园地区形成大量的旗人聚落。因而这一地区的旗人社会生活、风俗礼仪也成为其地域文化的重要特色。上层皇家礼仪与下层旗民文化均是这一地区文化谱系的重要内容，也是对

---

① Robert Redfield. *Peasant Society and Culture*. Chicago：University of Chicago Press,1956.
② 王铭铭：《社会人类学与中国研究》，广西师范大学出版社2005年版，第140-141页。

"京味文化"研究的补充。有学者认为"京味文化"是由存在于宫廷、缙绅与庶民三种不同范畴的文化因素经过长期结合、演变和发展而成的。①已有学者倡导运用谱系学的方法来研究京味文化。谱系学是法国著名学者福柯的核心概念,在研究方法上力求"去熟悉化"并寻找差异。京味文化历史悠久、内容丰富且形态多样,可以将其视为一个复杂的体系进行谱系学的研究。②因此,我们也可借用谱系学的方法,将这一地区的风俗礼仪视作一个体系加以综合研究。

二、三山五园与皇家宫廷礼仪习俗

京郊海淀西山一带自辽金时期开始就以帝王的离宫别苑而著称,如金章宗在香山、玉泉山修建的行宫以及后来建成的西山"八大水院",有6处位于海淀。清代是皇家园林修建的高峰。清朝定都北京之后,就开始兴建行宫与园林。顺治年间在京城南郊明代旧苑南海子修建了南苑行宫,康熙年间陆续又修建了香山行宫、玉泉山行宫澄心园。到康熙二十六年(1687)在明代清华园的基础上建成畅春园,

---

① 李淑兰:《试析构成"京味文化"的三种因素》,《首都师范大学学报》,1998年第6期。
② 刘勇:《谱系学对研究京味文化的意义》,《北京联合大学学报》,2013年第1期。

作为"避喧听政"的御园。①畅春园的兴建，拉开了清代帝王园居理政的序幕。自此之后，雍正、乾隆、嘉庆、道光、咸丰于圆明园，慈禧晚年于颐和园，都曾长期驻跸理政，园林因此与清代政治结下了不解之缘。②可以说，清代的三山五园是与紫禁城并列的政治中心。因此之故，皇家园林中的礼仪风俗大多均是清代宫廷礼俗的直接体现。

与多数古代王朝一样，清代亦由礼部主管全国各项礼仪事物。除礼部外，还设有太常寺、光禄寺、鸿胪寺等专职宫廷礼仪机构。所谓"凡国家诸祀，皆属于太常、光禄、鸿胪三寺，而综于礼部。"③清代皇家园林中的礼仪制度自然也体现历代礼仪的规范性，"五礼"中的吉礼、宾礼与嘉礼都有体现。《清史稿·礼志》即记载了圆明园中的吉礼——安佑宫祭祀先祖："安佑宫，在圆明园西北隅，建工始乾隆五年，迄八年蒇事。大殿九室，朱扉黄甍，如寝庙制。中龛悬圣祖御容，左世宗，右高宗。龛前陈彝器、书册、佩用服物，合设中和韶乐一列。帝临御园中，遇列圣诞辰，忌辰，令节，朔、望，并拈香行礼。谒陵、省方启銮、回跸，皆躬诣祗告焉"。④安佑宫的形制是仿照紫禁城内的奉先殿，供奉并祭

---

① 张宝章：《三山五园新探》（上），中国人民大学出版社2014年版，第1-2页。

② 据何瑜教授的分析统计，康熙、雍正、乾隆、嘉庆、道光、咸丰年均园居理政天数分别为150余天、210天、120余天、160余天、260余天、210余天。参见何瑜：《清代三山五园史事编年（顺治—乾隆）·自序》，中国人民大学出版社2014年版。

③《清史稿·志第五十七》卷八十二，中华书局1976年版，第2485页。

④《清史稿·志第六十》卷八十五，中华书局1976年版，第2569页。

祀先祖。乾隆七年（1742）的一份内务府满文奏案显示，内务府官员为安佑宫"接迎门扣、钉扣、插架、上桶瓦等项致祭祠公神"向皇帝请示，其主要依据就是奉先殿修葺之时，"皆遣官祭告祠公神，接迎门扣之日，则祭琉璃窑神及正阳门、大清门、午门、奉先门等门神……"，故而"今适值安佑宫接迎门扣、钉扣、插架、上桶瓦之吉日良辰，经钦天监观象，择九月初六辰时接迎门扣……"，所祭神灵除奉先门改为安佑门之外，其他如故。①可见，安佑宫的性质与奉先殿类似，是皇家园林中的家庙。安佑宫也称鸿慈永祜，是乾隆帝仿照历史上的原庙之制而设，更重要的是纪念康熙、雍正两位先帝，祈求两位先帝永远护佑清皇室的统治地位。因此，安佑宫的建设是一种象征，家庙的出现进一步加强了圆明园作为离宫御园的政治地位。宗法祭祀与国家政治之间的紧密联系在此也可见一斑。②

此外，接待并宴请臣子、宗藩等活动被安排在园林的"前朝"中进行，这也是宾礼、嘉礼的内容。最典型的如圆明园的正大光明殿。据《养吉斋丛录》记载："（正大光明）御园正衙也。圣诞旬寿，受贺于太和殿，常年则于此殿行礼。新正曲宴宗藩，小宴廷臣，大考、考差、散馆、乡试复试，率在此殿。"③由此可知，正大光明殿举行的主要活动

---

① 《海望等奏安佑宫接迎门扣致祭祠公神请旨摺》（乾隆七年九月初二日），载中国第一历史档案馆编：《圆明园》（上），上海古籍出版社1991年版，第49页。

② 郭黛姮：《乾隆御品圆明园》，浙江古籍出版社2007年版，第152—154页。

③ 吴振棫：《养吉斋丛录》，北京古籍出版社1983年版，第189页。

为贺寿庆典、筵宴宗藩群臣以及科举考试。档案记载，雍正帝对正大光明殿的筵宴进酒、筵宴筹备活动都十分重视。如雍正四年（1726）的一份档案称："散秩大臣佛伦、拉锡转奉上谕：嗣后于圆明园正大光明殿开宴时，朕之台布一撤，即进酒，勿待撤下众人之台布。他处筵宴，仍照例进酒。钦此。"①到次年正月，雍正帝再次发布上谕："本月十九日，圆明园筵宴，应备办礼乐、摔跤及烟火等事，皆循去年例备办。钦此。"②可见，正大光明殿的赐宴往往还辅之以其他欣赏活动，基本等同于国宴了。此外，皇家园林中也有婚冠之礼的筵宴安排。如康熙三十一年（1692）三月二十五日，"帝五女端静和硕公主下嫁喀喇沁部落多罗杜棱郡王扎西之子噶尔臧。帝御畅春园内重门，行聘筵宴。"③讨论皇家园林中的宾礼，非常典型的事例当属英国使臣马嘎尔尼访华事件。自乾隆五十八年（1793）七月初起，乾隆帝、军机处与负责此事之官员如金简、徵瑞之间有多份谕旨、函摺，涉及英国使臣在圆明园的居住、进贡物品在园内的陈设、觐见时的跪拜礼仪等。④美国学者何伟亚在其

---

① 《允禄等传谕掌仪司正大光明殿筵宴进酒事》（雍正四年正月十五日），载中国第一历史档案馆编：《圆明园》（上），上海古籍出版社1991年版，第21页。
② 《允禄等传谕掌仪司等衙门著备办圆明园筵宴等事》（雍正五年正月十一日），载中国第一历史档案馆编：《圆明园》（上），上海古籍出版社1991年版，第23页。
③ 何瑜：《清代三山五园史事编年（顺治—乾隆）》，中国人民大学出版社2014年版，第34页。
④ 中国第一历史档案馆编：《圆明园》（上），上海古籍出版社1991年版，第330-360页。

著作中亦专门讨论圆明园内礼物的安放问题,①这一看似简单的问题背后其实潜藏着清廷自身的动机,即以礼仪来构建其帝国统治权的问题。而圆明园在当时无疑提供了中西接触的舞台,再次凸显出其政治地位。

传统时代,中国虽也有官民、朝野之分,但在节假日所代表的时间框架上却是高度整合、统一的。因此,皇家生活中的节日在园林中亦有体现。如上元节、端午节、中元节等,在相关文献中多有记载。

畅春园建成之后,自康熙三十年(1691)起,几乎每年的正月十四或十五康熙帝都在含淳堂赐宴朝臣外藩等。如康熙三十一年(1692)的正月十四,"帝御畅春园内含淳堂,以上元节赐朝正外藩等宴。"②十五日如上例。康熙四十五年(1706)的上元节,除例行的赐宴之外,"帝召罗马教廷特使多罗入畅春园赐食,观看灯火"③。到康熙五十年以后,上元节又分别在畅春园的万树红霞、九经三事殿宴请"朝正外藩"④。从雍正四年(1726)到雍正八年(1730),雍正帝都在每年的正月十四、十五午时到正大光明殿"赐

---

① [美]何伟亚著,邓常春译:《怀柔远人:马嘎尔尼使华的中英礼仪冲突》,社会科学文献出版社2015年版,第118-119页。
② 何瑜:《清代三山五园史事编年(顺治—乾隆)》,中国人民大学出版社2014年版,第32页。
③ 何瑜:《清代三山五园史事编年(顺治—乾隆)》,中国人民大学出版社2014年版,第91页。
④ 何瑜:《清代三山五园史事编年(顺治—乾隆)》,中国人民大学出版社2014年版,第110-142页。

朝正外藩等宴"①。自乾隆三年（1738）始，乾隆帝也是在正月十五"于正大光明殿宴赏朝正外藩及内大臣、大学士"。与此同时，上元节还有观戏等娱乐活动。正月十四、十五连续两天，"帝奉皇太后幸同乐园进膳、观节庆戏，翌日如之"。②到了乾隆九年（1744）的上元节之后，正月十六有上谕："今夕山高水长点放烟火盒子，著外省将军、副都统大臣及京城部院衙门、旗下满洲大臣等，进内观看。"③乾隆帝通过点放烟火盒子的形式与臣民同乐，节日娱乐也成为拉近君臣关系的手段。

端午节较有特色的节日活动是在圆明园福海举行的龙舟竞渡。据《啸亭续录》记载："乾隆初，上于端午日命内侍习竞渡于福海中，皆画船箫鼓，飞龙鹢首，络绎于鲸波怒浪之间。兰桡鼓动，旌旗荡漾，颇有江乡竞渡之感。每召近侍王公观阅，以联上下之情。"④龙舟竞渡既是一种节日娱乐，也是为了联络感情。

中元节，雍正帝和乾隆帝均到畅春园东北角的恩佑寺行礼。雍正在其薨逝一个月前的七月十五日仍"诣恩佑寺行礼"⑤。恩佑寺原为畅春园内的清溪书屋，后因康熙死于

---

① 何瑜：《清代三山五园史事编年（顺治—乾隆）》，中国人民大学出版社2014年版，第168-194页。
② 何瑜：《清代三山五园史事编年（顺治—乾隆）》，中国人民大学出版社2014年版，第222页。
③ 何瑜：《清代三山五园史事编年（顺治—乾隆）》，中国人民大学出版社2014年版，第278页。
④ 昭梿：《啸亭杂录（续录）》，中华书局1980年版，第378页。
⑤ 何瑜：《清代三山五园史事编年（顺治—乾隆）》，中国人民大学出版社2014年版，第216页。

此，雍正帝为"为圣祖仁皇帝荐福，建恩佑寺于畅春园东垣"，将书屋改造为恩佑寺。乾隆帝继承了这一传统，乾隆三年（1738）七月十五，"中元节。帝诣恩佑寺、安佑宫行礼"，①还去了安佑宫，体现出对先祖的追怀之意。这也符合中元节的本意。中元节，圆明园福海放河灯形成了传统，乾隆帝的诗作中多有记述。如乾隆三十三年（1768）所作《中元夕放河灯》称："此日值中元，河灯旧例存。是花皆并蒂，出水却无根。红朵东西泛，金光上下翻。宁须学唐代，百万放河灯"。②乾隆帝说是"旧例"，说明早已有之。而且他对花费排场并不以为意，想学唐代"百万放河灯"。

节日方面，最具代表性的还有清宫三大节，即元旦、冬至与万寿节。在清人看来，元旦为一岁之首，代表了新气象与新生命的开始。冬至为阴阳转化的转折，即阴极以至，阳气始生，内涵丰富。万寿节是皇帝的生日，皇帝乃人君之始，是百姓父母，重要性不言而喻。其中万寿节尤为隆重且与园林多有关系，康熙帝的万寿节极具代表性。康熙帝出生于顺治十一年（1654）三月十八日，故三月十八为万寿节。多数年间，康熙帝在当天一般是"诣皇太后宫行礼，著停止朝贺筵宴"。到康熙五十二年（1713）适逢其六十大寿，早在当年的正月，各地大臣士民纷纷上书要求给皇帝祝寿。据《清实录》记载，当年三月初一，康

---

① 何瑜：《清代三山五园史事编年（顺治—乾隆）》，中国人民大学出版社2014年版，第228页。
②《乾隆御制诗·三集》卷76，中国人民大学出版社1993年版，第327页。

熙帝发布上谕："朕昨进京，见各处为朕六十寿诞庆贺保安祈福者，不计其数。朕实凉德，自觉愧汗。从来帝王之治天下，罔不以民生为念。若为一己之私，即不能扩而充之矣。朕若先知，必令止之"①。康熙帝非常谦逊，本不愿大肆铺张，但现在已为既成事实，故而到了三月初八日，再次发布上谕："各省为祝万寿来京者甚众，其中老人更多。皆非本地人，时届春间，寒热不均，或有水土不服，亦未可知。尔等即传谕汉官等，倘有一二有恙者即令太医院看治，务得实惠，以示朕爱养耆老之至意"。②关怀百姓，尤其是体恤耆老的心思尽显无遗。万寿节当天，康熙帝是在畅春园度过的。三月十七日，康熙帝奉皇太后自畅春园回宫，"直隶各省官员士庶夹道罗拜，欢迎御辇，耆老等跪献万年寿觞。上停辇慰劳，遍赐老人寿桃及食品。"可能是被各地老人的诚心所感动，康熙帝嘱咐大臣"今岁天下老人为朕六旬大庆皆从数千里匍匐而来，如何令其空归。欲赐伊等筵宴，然后遣回。著查八旗满洲、蒙古、汉军、汉人大学士以下，民以上，年逾六十五岁者奏闻。在本月二十二三两日内择定一日赐宴，预为奏闻，便于备办。内有艰于动履，不能前来者听之，其能来者俱令之来。"③到当月的二十三日，"宴直隶各省汉大臣官员士庶人等，年九十

---

① 《清实录》卷二百五十四，康熙五十二年三月戊寅条，中华书局1985年版，第509页。
② 《清实录》卷二百五十四，康熙五十二年三月乙酉条，中华书局1985年版，第510页。
③ 《清实录》卷二百五十四，康熙五十二年三月乙酉条，中华书局1985年版，第511页。

以上者三十三人，八十以上者五百三十八人，七十以上者一千八百二十三人。六十五以上者一千八百四十六人。于畅春园正门前。传谕众老人曰：今日之宴，朕遣子孙宗室，执爵授饮，分颁食品，尔等与宴时，勿得起立，以示朕优待老人至意。"①此次宴请各地老人共计4240人，规模不小。这就是后来著名的"千叟宴"之由来。宴会举行过程中，康熙命将80岁以上的老人扶掖到他面前，还赏赐各地老人银两不等。可以说，这是康熙年间规模最大的筵宴之一，畅春园在当时的地位也可想而知。

节日娱乐之外，因清代帝王的敬天法祖观念，皇家园林中的信仰祭祀习俗亦多见诸记载。以圆明园为例，园内的宗教建筑即非常有特色。如慈云普护、日天琳宇、舍卫城、月地云居、法慧寺、多宝琉璃塔、宝相寺、正觉寺、广育宫等等，往往多神共祀。建筑设计上打破宗教建筑的固定形式，体现出园林化的特色。②乾隆八年（1743）闰四月，圆明园总管太监传乾隆帝谕旨："贵织山堂、福园龙王庙，万方安和山神庙、土地庙、五孔闸龙王庙、北门土地庙，花瓶内无花，著买纸金花供上，每于年节换新"③。这里提到的神祇与庙宇均属圆明园，皇帝注意到了供祭祀用的花瓶无花这一小的细节，也正体现其对神灵信仰的重视。

---

① 《清实录》卷二百五十四，康熙五十二年三月壬寅条，中华书局1985年版，第513页。
② 郭黛姮：《乾隆御品圆明园》，浙江古籍出版社2007年版，第132-151页。
③ 何瑜：《清代三山五园史事编年（顺治—乾隆）》，中国人民大学出版社2014年版，第274页。

据咸丰八年（1858）二月的一份内务府奏销档记载，咸丰帝下旨："圆明园春雨轩司土之神晋封为圆明园昭佑敷禧司土真君，土母晋封为圆明园昭佑敷禧司土夫人。神牌二座，定准尺寸交南书房翰林恭书。春秋二季礼节，仿照群祀，管园庭内务府大臣一人服蟒袍补褂承祭，中和乐、伺候乐一切事宜，著裕诚等酌拟具奏。"[①]咸丰帝亲自过问圆明园内土地神的封号、神牌制作以及祭祀方式等，可见清代帝王对各方神祇的重视是一以贯之的。

另外，有些信仰祭祀活动也与帝王的重农思想有关。如乾隆七年（1742）三月十九日，"帝诣刘猛将军庙行礼"；乾隆十年（1745）三月十七日，内务府大臣奏："为圆明园刘猛将军庙种地事，恭请皇上钦定一日或亲行耕种，或令奴才等带领庄头耕种。奉旨：廿一日亲行耕种"[②]。刘猛将军庙在华北地区分布较多，是民间祈求刘猛将军驱蝗虫，避免虫灾而设。有学者据其分布描绘出了"中国蝗神庙的分布图"，发现山东、河北、河南三省蝗灾最多。[③]乾隆帝亲自在其庙宇外耕种，体现祈神重农、关心社稷。此外，清代帝王对祈雨的重视，在相关祭祀习俗方面亦有反映。如康熙四十九年（1710）五月十三，"皇三子胤祉等奉旨：在畅春园龙王庙，照皇十二子祈雨例祈雨。自昨日始，胤祉

[①]《裕诚等奏修饰春雨轩土神祠摺》，咸丰八年二月二十日，载中国第一历史档案馆编：《圆明园》（上），上海古籍出版社1991年版，第546页。

[②] 何瑜：《清代三山五园史事编年（顺治—乾隆）》，中国人民大学出版社2014年版，第262、292页。

[③] 陈正祥：《中国文化地理》，三联书店1983年版，第51-52页。

亲自行礼，令太监、道士等诵经七日，勤加祈雨。"六天之后，胤祉奏报京城、畅春园周围降雨。康熙帝传谕称："若这两日不下雨，著礼部照例禁止杀生以祈雨。"① 可见康熙帝对于祈雨之重视，也是关心农事的表现。乾隆帝同样如此。乾隆九年"封京都玉泉山龙王之神为惠济慈佑龙神"，此后的乾隆十七年（1752）、三十二年（1767）、三十五年（1770）均"遣官祭黑龙潭昭灵沛泽龙王之神、玉泉山惠济慈佑龙王之神"②。

由此观之，清代帝王因其长期的园居生活，将宫廷礼仪大量引入园林，同时一些民间习俗与娱乐、祭祀活动亦很常见，体现出帝王与民同乐的一面。当然，这些礼仪与习俗虽有着个人情趣的印记，但其背后政治因素的考量也是不容忽视的，其礼仪习俗体现出明显的"泛政治化"倾向。这也正是皇家园林上层礼仪习俗之特色。

三、三山五园地区民间风俗之演变

随着三山五园的兴建，这一地区涌现出了大批拱卫园林的旗营。清末的一首地名歌谣名为《五园三山外三营》，称"畅春园里春不在，圆明园内春再生，清漪改成颐和园，

---

① 何瑜：《清代三山五园史事编年（顺治—乾隆）》，中国人民大学出版社2014年版，第108-109页。
② 何瑜：《清代三山五园史事编年（顺治—乾隆）》，中国人民大学出版社2014年版，第286、349、512页。

静明静宜皆有名。万寿山前玉泉水,香山脚下健锐营,八旗老营圆明园,火器新营似船型"。①圆明园最早设立军营,故称"老营"。随之兴起的旗人聚落,使得这一地区的旗人风俗逐渐形成。外三营地区及其周边地带的旗人风俗尤其典型。著名满族史学者金启孮在研究京郊满族时指出:"研究北京郊区的满族应该抓三个点:外三营、王公园寝和庄头。外三营——火器营、健锐营、圆明园是满族的聚居点,是最具典型的地方。"金先生认为"许多著作喜欢写满族上层,我以为光上层不能就代表满族,重点应该了解满族下层。"②故而他以自己的亲身见闻,描述了清末到民国年间的北京郊区满族生活。他认为,外三营的满族,直到清末民初还保持着一种与宗室王公、世家大族及京旗满族不同的独特性格与思想。这种性格和思想突出表现为:倔强的性格、淳朴的风俗、勇武的精神。营房满族还有重内亲的习俗,其饮食、服饰、头饰与发式等都与汉人有别。从语言上来看,外三营在20世纪20年代通行的语言还相当于北京城内乾嘉时期的语言,因其偏于一隅而少受政治变动之影响。营房中的旗民关系较为和谐。在信仰方面,营房中多祭祀清朝的护国神关羽大帝,营房中八旗就有八个关老爷庙,可见一斑;另外就是娘娘庙,东西南北四顶均有娘娘庙,西顶在西直门外万泉庄,离营房最近,旗人们常去

---

① 赵书:《踏歌寻典》,文物出版社2003年版,第184页。
② 金启孮:《北京郊区的满族》,内蒙古大学出版社1989年版,第1页。

逛庙或烧香。①到民国年间，旗人逐渐没落，这一地区的村落也逐渐破败。金先生的调查研究启发我们如何从底层社会观察旗人群体的历史境遇并揭示其风俗变迁。

金启孮先生提到满族的社会生活习俗，除衣食住行的特色外，信仰尤有特色，是其精神生活的重要内容，也与日常礼俗息息相关。从地名歌谣就可以观察到这一现象。如《去三山五园的石御路》歌谣就称："西直门外北小关，高粱桥高路面宽。路旁有座娘娘庙，广通寺里打个间。大柳树、骆驼脖，寿福祥林白祥庵，六堆七堆药王庙，黄庄接上海淀道。海淀镇里南北街，西折就是万寿山。下山到玉泉山西宫门，喝碗水再去香山去拜神儿。"②城内的老百姓出城去拜神，经过三山五园。这里的娘娘庙极有可能就是金启孮先生书中提到的西直门外万泉庄的娘娘庙，随后是广通寺、白祥庵、药王庙，最后到香山拜神。所以在老百姓的生活中，园林只是其拜神路过的风景而已。

上文提到的圆明园周边的成府村就是代表。成府村一个小小的村庄内就有寺庙10座，而且根据民国年间的调查，每户都有自己信仰的神祇。与信仰活动相关的香会组织也更加活跃，这些均是当地民间风俗礼仪的重要组成部分，我们可借此揭示这一地区民间风俗的变迁轨迹。

---

① 金启孮：《北京郊区的满族》，内蒙古大学出版社1989年版，第2-4、19-28、45-48页。

② 赵书：《踏歌寻典》，文物出版社2003年版，第181页。

四、结语

三山五园文化底蕴深厚，它曾是清代五朝皇帝前后150余年经常生活及临朝、问政的政治中心；也是清代珍贵文物、图书与珍宝的汇聚之所，可称为古代文化的博物馆；在近代以来与西方的遭遇中又饱受摧残，形成了几代人"勿忘国耻"的集体记忆。可以说，其历史文化图谱涵盖中西古今的各个方面。然而，此前的研究过于关注实体层面的园林、建筑、水系等物质文化，对于其精神层面的文化内涵关注不够。如以传统重农思想衍生出来的生产习俗与祭祀习俗；以孝悌、亲民等思想衍生出来的皇家生活习俗等。而且，下层民间风俗礼仪也促成了这一地区的文化多元性，值得重视。

通过对三山五园上层宫廷礼俗与下层民间风俗礼仪之梳理，我们认为这二者之间存在着互动关系。成府村的个案揭示，即使是民间的香会与庙宇，因其靠近园林、接近政治中心，故而也打上了皇权的烙印。而宫廷礼俗对民间节庆活动的认同与利用，又使得宫廷礼俗出现"泛政治化"的倾向，这也是"大传统"对"小传统"的利用与改造。"大传统"对"小传统"的影响与渗透在所难免，但民间的"小传统"也有其相对独立性，"小传统"内部也有差异。二者和谐共生，使得民间文化更加多元。这也正是三山五园地区风俗礼仪谱系的基本特色。

第四节　溥仪内务府时期的圆明园

1911年辛亥革命之后，大清王朝终于走到了历史的尽头。然而，清政府虽然覆灭，但清帝的"逊位"是有条件的，这正是当时革命政府与袁世凯南北双方和议的结果，具体体现在1912年颁布的《清室优待条件》之中。溥仪在《我的前半生》中曾有记述："宣统三年旧历十二月二十五日，隆裕太后颁布了我的退位诏。一部分王公跑进了东交民巷，奕劻父子带着财宝和姨太太搬进了天津的外国租界。醇王在会议上一直不发言，颁布退位诏后，就回到家里抱孩子去了。袁世凯一边根据清皇太后的懿旨，组织了民国临时共和政府，一边根据与南方革命党达成的协议，由大清帝国内阁总理大臣一变而为中华民国的临时大总统。而我呢，则作为大总统的邻居，根据清室优待条件开始了小朝廷的生活。"[1] 直到1924年冯玉祥驱逐溥仪出宫，溥仪小朝廷在北京仍存续了十余年，这就是所谓的"紫禁城小朝廷"时期。

《清室优待条件》保留了末代皇帝的尊号，要求"中华民国以待各外国君主之礼相待"。而且，皇帝退位之后，"岁用四百万两"，由民国政府拨付。与此同时，"优待条件"

---

[1] 溥仪：《我的前半生》，群众出版社1982年版，第45页。

还特别提到"大清皇帝辞位之后,其原有之私产由中华民国特别保护"。①从当时的归属权来看,此时的圆明园也属于逊清皇室的私产。据史料记载,宣统三年(1911)九月,清廷决定圆明园附属于颐和园,由清廷总管内务府大臣世续等管理。是年十二月宣统帝逊位,国体变更,圆明园仍由清室总管内务府管理。

圆明园乃清代重要的皇家园林,自康熙年间兴建,历经雍正、乾隆、嘉庆、道光、咸丰等朝的增修扩建,成为清代重要的政治与文化中心。圆明园因清代帝王的园居理政而成为清廷的行政中枢之一,早在雍正二年(1724)即设立了圆明园护军营,由圆明园八旗护军营与圆明园内务府三旗护军营联合组成,兵丁计六千余人。八旗驻防之地均修建有营房,在清朝灭亡之后,这些营房也逐步演变为民居村落,散布于园林周围。直到宣统元年(1909),据档案记载,圆明园的八旗兵丁及其家眷仍有 16478 名。②这些兵丁加之管理圆明园的各类官员,在入清之后自然仍属溥仪的小朝廷管辖。当然,民国初年政局不稳,民国政府给溥仪小朝廷的拨款,除民国元年兑现 400 万两的承诺,此后逐年缩减,民国二年减至 280 余万两,民国五年以后更是减到 100 多万两。因此,溥仪小朝廷的开支也逐渐捉襟见肘,不得不以租房卖地来弥补经费之不足。面对内务府、宗人府及銮仪卫等各衙门的开支缺口,溥仪也只好一再压

---

① 溥仪:《我的前半生》,群众出版社 1982 年版,第 46 页。
② 中国第一历史档案馆编:《圆明园》(上),上海古籍出版社 1991 年版,第 761 页。

缩机构，精简人员。

圆明园的地租是溥仪朝廷的收入来源之一，对此溥仪内务府一直是高度重视的。1921年11月23日，溥仪内务府专门致函民国内务部，称其园内水旱地亩数目与清丈数目不符，故而重新造册送内务部备案。[①] 而他们更关心的是圆明园外的皇室地产，早在民国四年（1915）即要求内务部饬令京兆尹查明数目，但京兆尹并未核查。因此，他们再次要求内务部完成园外皇室地产的彻底清查，以此作为其征收租税的凭据。除地租之外，圆明园遗址内还保存着大量文物、山石、太湖石等，成为多方势力觊觎的对象。因此时的溥仪小朝廷偏居紫禁城一隅，本身也并无多少权威与实力，故而此时的圆明园似乎成了"唐僧肉"，各类机构与军阀势力、底层贫民都想来分一杯羹。民国档案揭示，步军统领衙门及其统领江朝宗、北洋政府内务部、直系军阀王怀庆、中央公园甚至燕京大学都从圆明园掠取或搬运山石、石狮等，各类军人与窃贼更是屡见不鲜。溥仪内务府虽屡次向北洋政府提出交涉，但最终也于事无补。如1919年，圆明园总管王和喜声称，"本园西大墙现在仍有军人拆毁、拉运砖块，随意售卖"。[②] 这一情况上报给溥仪内务府后，内务府专门致函步军统领衙门，"查该园墙垣极应保存用，特再行函请贵衙门饬知牟兵妥为保护。至纫公谊"。类似请求甚多，估计都是不了了之。此种状况之下，

[①] 溥仪：《我的前半生》，群众出版社1982年版，第779页。
[②] 中国第一历史档案馆编：《圆明园》（上），上海古籍出版社1991年版，第776页。

圆明园的衰败与没落似乎是无法避免的了。

1913年7月,李大钊与友人游圆明园,"夕阳影里,笳鼓声中,望圆明园故址,只余破壁颓垣,残峙于荒烟蔓草间",于是赋诗两首。其一称"玉阙琼楼委碧埃,兽蹄鸟迹走荒苔。残碑没尽宫人老,空向蒿莱拨劫灰。"可见其一斑。民国政客黄濬所著《花随人圣庵摭忆》中有《圆明园被焚之记载》一文,称"余居北都卅年,凡三游园址,民国七八年时,犹存残础遗石;十五六年间,则辇移几尽。今清华、燕京两大学,偪塞邻其故墟,望古者类能言之。"[①]据黄濬的观察,仅七八年的时间,圆明园文物损失殆尽。在周边高校环伺的状况下,圆明园处于明显的弱势,正可谓"无可奈何花落去"。

---

① 黄濬:《花随人圣庵摭忆》(下),中华书局2003年版,第779页。

第五节　圆明园窃贼知多少

众所周知，圆明园在清代被誉为"万园之园"，清帝国的奇珍异宝、绝美胜境莫不汇聚于此。但庚申与庚子两次巨变使圆明园遭受重创，到清末民国更是荒烟蔓草，破败凋零。以往我们的历史叙述，通常将圆明园与列强入侵及国耻的历史记忆相连，这本无可厚非。然而，我们也应当知晓，圆明园的破败与没落，责任并非全在洋人，国人亦为此做出过"贡献"。

晚清著名学者王闿运在同治十年（1871）与友人同游圆明园遗址，目睹断垣残壁，追忆往事，百感交集，归来后曾作《圆明园词》一首，其中两句"敌兵未爇雍门荻，牧童已见骊山火"，尤其值得玩味。民国学者黄濬在《花随人圣盦摭忆》中指出，王闿运在词后有笺释，这两句说的是"焚掠圆明园之祸首，非英法联军，乃为海淀一带之穷旗人"。而晚清四大日记之一的《越缦堂日记》中也曾记载，庚申八月二十三日"闻夷人仅焚园外官民房"，二十五日在城内"又闻有持园中断烂物进城者，铜龙半爪，金兽一镮，俱相传视玩弄，盖禁御已不保矣"，二十七日"闻圆明园为夷人劫掠后，奸民乘之，攘夺余物，至挽车以运之，上方珍秘，散无孑遗"。黄濬据此日记分析说，"圆明园一役，其实联军仅焚园外官吏房，或为军事上必要之举动。而许多旗人土匪即乘机劫掠，于是联军旋亦入园，终则张贴告示自述理由，所席挟之战利品，犹存伦敦、巴黎可证。惟联军仅取其大者贵重者，余多仍入匪徒手。"①晚清民国文人的观察不无道理。列强入侵当然应当谴责，而国人本应同仇敌忾一致对外，不想很多平民尤其是下层旗人反而大发国难之财，让人不齿。

进入民国之后，这一状况不但未得到改善，反而变本加厉。圆明园在民国初年仍归溥仪小朝廷所有，溥仪内务府掌管圆明园事务。档案显示，很多窃贼都盯上了圆明园，以其为牟利之源。1919年3月，圆明园总管太监王和喜报告称，圆明园"中营树村汛守备吴廷辅于三月十五日拿获贼犯秦二、于德海、宋二等三名，共偷去城砖一百三十二块，方砖十七块，黄、绿琉璃砖瓦一百四十块，汉白玉石墩三十二个，沙板砖八百二十一块，汉白玉石六块，花板石十八块"。②这是有组织的盗窃行为，目标也很明确，就是圆明园内的砖石瓦块，数量不少。因此，出园之时人赃俱获。总管太监王和喜将此情况向溥仪内务府报告，并请其向步军统领衙门报案，力求严惩。但可能惩处力度不够，抑或利欲熏心，几天之后又有盗案发生。据王和喜报告称，圆明园"中营都司宁国宸于三月十八日拿获贼犯三名，张

---

① 黄濬：《花随人圣庵摭忆》（下），中华书局2003年版，第797—801页。
② 中国第一历史档案馆编：《圆明园》（上），上海古籍出版社1991年版，第770页。

得禄即张黑子、王小辫即王博彦、张大即群子等一起三名，现赃大条石六块，共长二丈一尺；大城砖二十块；大条石二块，共长六尺；大小开条砖一百十九块。又获贼犯一名张祥，现赃大城砖五块"。这四名贼犯的目标仍然是圆明园内的条石、城砖。此次被抓现行之后，王和喜再次向步军统领衙门报告，要求该部严惩。很快步军统领衙门答复称"业将该犯等分别从严惩办在案"①。几年之后，大概是圆明园内的砖石也被偷窃或托运得差不多了，有些人甚至盯上了圆明园的城墙。1923年3月，溥仪内务府致函步军统领衙门称，"总管太监王和喜声称，今有数十人昼夜偷拆圆明园北大墙。查该园纯系皇室私产，该处墙垣未便任其偷拆，极应保存，以符优待用。特函达贵衙门，查照饬知该处弁兵等认真稽查，随时保护"②。溥仪的内务府这次有些急了，点明圆明园属"皇室私产"，自然是受《清室优待条例》保护的，不能再让这样的事情发生了。但显然步军统领衙门并不给力，次月有报告又称还有人在偷拆圆明园西大墙；当年的六月，有园户呈报"今有匪人数十名，夜间入园偷运太湖石，恳请核办"③。圆明园集中国园林之大成，借鉴了很多江南园林的造园手法，正如王闿运在《圆明园词》中写到的"谁道江南风景佳，移天缩地在君怀"，故而借用江

---

① 中国第一历史档案馆编：《圆明园》（上），上海古籍出版社1991年版，第771页。
② 中国第一历史档案馆编：《圆明园》（上），上海古籍出版社1991年版，第798页。
③ 中国第一历史档案馆编：《圆明园》（上），上海古籍出版社1991年版，第802页。

南园林所用的山石颇多。没想到的是，这些造景的石材日后却成为窃贼贩卖的牺牲品。

透过档案我们还发现，不光是外来窃贼对圆明园内的文物动手，园内也有不少内鬼干着"监守自盗"的营生。1924年1月，圆明园中营汛都司刘谦报告称1923年"十二月二十日上午十二时队长刘珍带兵巡查地面，在达园北墙外，见打鼓之人在彼由墙内接买赃物，当即将其带案，随将看守自盗之贼犯常沛荣、张长荣等二名拿获，并接买赃物人犯范广祥，传唤事主洪祥等四名，连现赃玻璃等物一并带案讯"①。后来常、张二人供认称在达园充当夫役，看守自盗属实。除玻璃之外，还查出铁钉两个，系圆明园之官物。这里提到的达园，是民国军阀王怀庆兴建的私家花园，于1922年建成。王怀庆是河北宁晋人，光绪二十六年（1900）投奔袁世凯，宣统元年（1909）年任淮军统领，民国成立后先后担任滦州都督，1919年任步兵统领，次年任京畿卫戍司令，直到1926年去职。档案中确实也有溥仪内务府向王怀庆的报告，要求其惩治偷盗圆明园砖石的行为。但吊诡的是，作为掌管京城治安的高官，王怀庆建造私家园林时就偷运过圆明园的太湖石。据焦雄先生《北京西郊宅园记》称，王怀庆曾买通圆明园的守护太监，从中盗走了大量残存的屋宇材料以及山石、石雕等，甚至还有乾隆

---

① 中国第一历史档案馆编：《圆明园》（上），上海古籍出版社1991年版，第807-808页。

御笔的《前湖》诗碑，用于营造达园。① 上有所好，下必甚焉。为什么民国时期圆明园的盗窃蔚然成风？可能与上层的达官贵人兴建私家宅邸花园有一定关系。从王怀庆来说，这算不算一种更腐败的监守自盗呢？

---

① 焦雄：《北京西郊宅园》，北京燕山出版社1997年版，第192-193页。

第三章 北京城市史研究

第一节　老北京的节日、寺庙与城市生活空间

——以《北平风俗类征》*为中心

节日是中国传统社会生活中的重要内容，节日习俗也是一种重要的社会民俗。按照学界对于民俗学的定义，民俗是"指一个国家或民族中广大民众所创造、享用和传承的生活文化"。而节日民俗又属于社会民俗的一部分，即岁时节日民俗。①岁时节日是传统时代大众生活中不可或缺的调剂品，一定程度上影响着人们的生活节奏，是民俗史与民俗志研究不可或缺的重要内容。

在传统时代的城市生活中，因节日而形成的公共空间与公众参与是我们了解城市社会生活运作机制的重要载体。已有学者指出："城市节日的公众参与性与公共性仪式表演体现了城市节日文化空间民俗的本质特征。而城市节俗的历史文化特性集中体现在城市节日的娱乐性、宗教性及消

---

* 李家瑞：《北平风俗类征》，北京出版社2010年版，下引均出自此版本，不再一一注明。

① 钟敬文主编：《民俗学概论》，上海文艺出版社2003年版，第1页。

费性三大方面。"①北京作为首善之区，在帝制时代尤其重视制度与礼仪的规范，其节日习俗更是难得的社会生活史料。近来笔者在翻检有关北京民俗资料时，又发现明清时期寺庙在人们的日常生活习俗尤其是节日习俗中占据着重要地位，②而寺庙正是传统时代城市生活空间的重要组成部分。作为民国时期的重要民俗志资料，《北平风俗类征》详细收录了北京自中古尤其是明清以来的民俗活动。本书主要以李家瑞编订的《北平风俗类征》中的岁时民俗为主要考察对象，重点分析寺庙在节日习俗中的地位，进而考察寺庙在城市空间尤其是民众社会生活空间占据的重要位置，丰富我们对传统时代城市空间与节日文化的理解。

一、关于《北平风俗类征》

《北平风俗类征》的作者为李家瑞，原名辑五，1895年生于云南剑川县。1922年入北京大学预科，1928年毕业。后经刘半农先生介绍，到中央研究院历史语言研究所专事民俗学研究工作。他相继编订出版了《北平俗曲略》（1933）与《北平风俗类征》（1937），后者还纳入中央研究院历史语言研究所的"专刊之十四"，由商务印书馆出版。此后由

---

① 萧放：《城市节日与城市文化空间的营造——以宋明以来都市节日为例》，《西北民族研究》.2010年第4期。
② 关于北京寺庙的历史资料，参见北京市档案馆编：《北京寺庙历史资料》，中国档案出版社1997年版。

于抗战，李家瑞辗转各地，最终于20世纪40年代回到家乡云南，从事教学与文物研究工作直至逝世。

此书所录资料，上自先秦，下至他编书的20世纪30年代，内容不可谓不丰富。作者在序言中交代，此书乃遵刘半农先生所嘱，先抄录北平掌故中的记载风俗的内容，然后整理成书。然而他翻开朱彝尊的《日下旧闻》当即泄气：朱氏门生十几人，参考书一千多种，所辑得的风俗材料不过万余字，觉得凭一己之力这几乎是"不可能完成的任务"。但他此后仍然没有懈怠，旁搜博引，尤其是康熙以后士人的相关著作直至作者生活年代的报纸、杂志、歌谣、唱本等，都在此列。本书在刘半农去世前即已抄得三十多万字，最终成书时已有四十多万字，全书征引书目即达479种，用力之勤可以想见。关于此书的编辑原则，作者也铭记刘半农先生生前的教导，认为关于北平掌故的著作，记载建筑、古迹、名胜的部分太多，而记载人民生活习俗的部分太过缺乏，故而将主要的关注点放在社会生活习俗方面。其次，记载风俗民情的书一般不为士大夫所注意，而且士大夫做的往往不如土著平民做的详细确切，可以搜集起来介绍给学界，保留资料并供大家研究。

因此，作者将所收录的资料按照其性质分为十三部：一岁时、二婚丧、三职业、四饮食、五衣饰、六器用、七语言、八习尚、九宴集、十游乐、十一市肆、十二祠祀及禁忌、十三杂缀。每部分资料按照其年代先后排列，蔚为大观。从编辑目录来看，内容基本上涉及传统北京民众生活的各个方面，衣食住行、婚丧嫁娶、语言与节日、礼俗信仰与社会活动，可谓无所不包。最后作者还点明，"希望本书不要成为《梦华录》与《梦粱录》等供人凭吊的书，而因永久成为类书或旅行指南等书被人应用"。这一想法背后其实体现了作者对于民俗的深刻理解：只有具有广泛的社会生活基础，被广大民众所接受、传承的东西才更具社会价值与意义。正如民俗主要以口耳相传、行为示范和心理影响等方式扩布与传承的特征一样，作者无疑也希望这种民俗文化是活的，能够对大众生活起到一定的引导作用。这也正是民俗学能够贡献给社会的重要方面。

二、寺庙与老北京的节日文化

《北平风俗类征》中的第一部分即"岁时民俗"，占据了全书超过1/4的篇幅，可见这部分内容最为丰富。作者旁征博引，使我们对中古以降北京的日常生活习俗有了很直观的认识。以我们所熟悉的明清以来北京的日常习俗为例，基本上从正月初一直至腊月除夕，几乎节日不断，而这些习俗很多与宗教活动相关，寺庙又成为节日仪式的主要场所。笔者根据书中所提到的节日及相关寺庙的活动制成下表，以此形成对这一现象的直观认识。（参见表4）

表4 明清以来北京的节日仪式与寺庙活动一览表

时间（阴历）	节日仪式	庙宇	文献出处
初一（元旦）	烧香祈福	东岳庙	《帝京景物略》、《燕京岁时记》、民国《大华晚报》
初一至初三	游白塔	白塔寺	《京师偶记》、《帝京景物略》
初一至十五	求雨、游乐	大钟寺	《燕京岁时记》、《天咫偶闻》、《清稗类钞》
初二	借元宝、祭财神	五哥庙（五显庙）、财神庙	《春明丛说》、《都门纪略》、《天咫偶闻》、《燕京岁时记》、《旧都文物略》、《京都风俗志》
初六	打鬼	旃檀寺	《东华琐录》
初八	祭星、算卦卜巫	白云观	《白云观庙市记》
正月十九	"燕九"，焚香拜神、弹射走马	白云观	《酌中志》、《帝京景物略》、《天咫偶闻》、《燕京岁时记》、《青箱堂诗集》、《松泉诗注》、《春明丛说》、《燕都杂咏注》、《春明采风志》、《清代野记》、《骨董琐记》、《清稗类钞》、康熙《大兴县志》、康熙《宛平县志》

（续表）

时间（阴历）	节日仪式	庙宇	文献出处
正月十三、十五	打鬼、诵经送祟	黄寺	《东华琐录》、《燕京岁时记》、《京华春梦录》
正月二十一、正月三十	打鬼、诵经送祟	雍和宫	《东华琐录》、《燕京岁时记》
正月二十三		喇嘛庙、慈度寺（黑寺）	《水曹清暇录》、《金吾事例》、《京都风俗志》、《燕京岁时记》
二月	涿州进香	碧霞元君庙	《北京岁华记》、《京师偶记》
二月初一	进香、拜太阳真君	太阳宫	《天咫偶闻》、《燕京岁时记》
二月初二	龙抬头、进香	土地庙	《燕京岁时记》
清明节	进香（女子尤多）	城隍庙	《都门杂咏》、《续都门趣话》
三月二十八	香会进香、放生、还愿、拜东岳大帝	东岳庙	康熙《宛平县志》、《宛署杂记》、《酌中志》、《帝京景物略》、《京都风俗志》、《燕京岁时记》

(续表)

时间（阴历）	节日仪式	庙宇	文献出处
四月初一至初八	浴佛会、游寺庙	戒坛寺、潭柘寺、卧佛寺、碧云寺、天宁寺	康熙《宛平县志》、《酌中志》
四月初十至十八	碧霞元君诞辰、游寺庙	碧霞元君庙（高梁桥西顶、草桥中顶）	康熙《宛平县志》
四月初一至十五	进香、游寺庙	妙峰山碧霞元君庙（娘娘庙）、蓝靛厂广仁宫、万寿寺	《燕京岁时记》、《京都风俗志》、《京师地名对注》、《民社北平指南》、《天咫偶闻》、《清稗类钞》
四月二十八	游寺庙、庙市	碧霞元君庙（安定门外北顶）	《天咫偶闻》、《燕京岁时记》
四月二十八	进香	药王庙	《酌中志》

（续表）

时间（阴历）	节日仪式	庙宇	文献出处
五月初一至初五	游寺庙	崇文门外卧佛寺	《天咫偶闻》
五月初一至初十	庙市	城西城隍庙	《宸垣识略》、《京都竹枝词》、《燕京岁时记》
五月初一至十八	庙市	碧霞元君庙（永定门外南顶）	《京都竹枝词》、《燕京岁时记》、《天咫偶闻》、《新燕语》、《京华春梦录》
五月初五	游天坛	天坛	《北京岁华记》、《万历野获编》、《燕京杂记》
五月十一	（都城隍诞）进香、演戏	都城隍庙十里河关帝庙	康熙《宛平县志》、《以学集》、《燕京岁时记》
五月十三	进刀马	关帝庙	《帝京景物略》、康熙《宛平县志》
六月初一	进香、庙市	碧霞元君庙（草桥中顶）	《天咫偶闻》、《燕京岁时记》
六月初六	晾经会	善果寺	《天咫偶闻》

(续表)

时间（阴历）	节日仪式	庙宇	文献出处
六月二十三、二十五	焚香祭拜、羊祭	马王庙（火神庙）	《京都风俗志》、《春明采风志》、《天咫偶闻》
六月二十四	焚香祭拜、赛会	关帝庙	《京都风俗志》、《燕京岁时记》、《天咫偶闻》
七月十五	盂兰会庙市、祀孤	寺庙（长椿寺为盛）、正阳门外城隍行宫	《北京岁华记》、《帝京景物略》、《燕京岁时记》、《天咫偶闻》
八月初一至初三	开庙、祭祀	皂君庙	《燕京岁时记》、《清稗类钞》
九月初九	游寺庙、登高	真觉寺、法藏寺、显灵宫、报国寺、白塔寺、天宁寺	《北平岁华记》、《帝京景物略》、《天咫偶闻》、《燕京岁时记》、《京华百二竹枝词注》、《民社北平指南》
九月十五	进香拜祭、演戏	彰仪门外财神庙	《燕京岁时记》

资料来源：《北平风俗类征·岁时》

在这些习俗中，记载尤多的如正月习俗如"燕九"、"打鬼"与四到六月的碧霞元君庙进香等。正月十九的"燕九节"，是京城非常著名的道教民俗之一。书中引述康熙《宛平县志》的记载称"十九集白云观，弹射走马，曰耍燕九"。开篇又引《京师偶记》记载的正月习俗："十九日，集邱长春庙，谓之'燕九'"。这里提到的邱长春庙，也即白云观。《清稗类钞》有如下解释："十九日游白云观。观，元之长春宫也，为城外巨刹，花木甚多。燕九，亦称阉九，又称会神仙。前述日游人已多，而阉人夥，以元代邱长春乃自宫者也。"自元代中后期以来，"燕九节"历经流变与传衍，不仅在北京传承悠久，在全国也不乏影响。①

而旃檀寺、黄寺与雍和宫打鬼，很明显与清代藏传佛教的盛行有关。藏传佛教很快与清代北京的节日习俗融合在一起，成为老百姓日常生活的一部分。据《水曹清暇录》的记载，"喇嘛打鬼者，即古'乡人傩'之意耳……打鬼，喇嘛话曰'部勺'。每岁打鬼有数次，是日喇嘛庙中，殿上燃灯数百盏，竖大旗于殿之四角，旗画四天王像，传执事者齐集。"另一则《金吾事例》中的史料又提到："查德胜门外黑寺、黄寺两喇嘛庙，每年正月内，各喇嘛等在寺前跳舞撒灰，并舍给观看人钱文，驱鬼逐疫，原系旧习相沿。每岁逢期，聚众至万余人之多，争接舍钱，拥挤滋事。"这是满族的宗教仪式进入平常百姓生活的生动例证。

京师五顶与碧霞元君信仰，在明清时期北京的民间祭

---

① 郑永华：《剩有燕京烟九节，白云观里会神仙——北京传统道教民俗之一》，《宗教学研究》2010年第3期。

祀活动中非常普遍，体现出民间信仰与官方信仰之间微妙的互动关系。① 大量民间香会参与其间，《燕京杂记》即称"三月二十八，燕京祭岳庙，民间集众为香会"。《燕京岁时记》则记载北顶与东顶的碧霞元君庙在四月均有庙市，祭祀活动与庙会、集市相连。

由此可见，寺庙在明清以来北京民众的日常生活中占据着重要地位。这与相关史料的记载也相印证。据《乾隆京城全图》，当时北京内外城寺庙1207处，诸如观音庵、关帝庙、真武庙等为数较多。而很多庙宇也有固定的开庙日期，如正月初一到十九的白云观；初一到十五的大钟寺；每月逢一、二、九、十的隆福寺，逢三的土地庙，逢四的火神庙，逢五六的白塔寺，逢七八的护国寺等，号称北京的五大庙会。直到民国年间，1928年共登记寺庙1631个，1936年登记寺庙1037个，1947年登记寺庙728个。② 可见，北京寺庙数量之多，受众之广。可以说，寺庙与庙会已经成为很多北京人生活所必需。

我们在一些清人日记中也能发现这一现象，如清末曾担任外务部尚书、军机大臣并兼任步军统领衙门的那桐（1856—1925）的日记中即有很多相关记载。光绪十六年（1890）正月十四日，"未正饭后游厂肆，在火神庙盘桓半日"。同年的闰二月初三，"辰初至阜成门外慈惠寺英曙楼侍郎处吊祭。此庙俗呼倒影寺……问铺排，知故友福雨

---

① 赵世瑜：《狂欢与日常——明清以来的庙会与民间社会》，三联书店2002年版，第352-372页。
② 北京市档案馆：《北京寺庙历史资料》，中国档案出版社1997年版。

农之次子现在寺中为沙弥,乃三岁时因病许愿,七岁出家,非雨农被议后之事。弃俗已八年,无法援救也。"[1]那桐身居要职仍经常出入寺院,后面则讲述了朋友之子出家的故事,说明在那时一些官宦之家对佛教的尊崇,很多旗人家庭与寺庙之间有着密切联系。上文提到的碧霞元君信仰,在那桐日记中也有体现。同年四月初二,"寅初起,寅正启行,赴妙峰山烧香还愿。午正至北安河王家烧锅店早饭。雇小轿二乘,每乘当十钱十八吊,携崔禄上山,午正行,申正二刻至娘娘顶灵感宫,烧香行礼毕,酉初回行。"[2]这天他早上三点即起床,一路风尘仆仆,中午吃完早餐雇人上山,一直到下午五点才开始返程。四月初拜碧霞元君娘娘庙,正与《北平风俗类征》中岁时文献的记载也相印证,说明了寺庙与宗教活动在上层阶级中间也有很大影响力,这正是庙宇在城市生活中重要性的体现。

三、节日、寺庙与城市生活空间

中国传统的岁时节日体系萌芽于先秦时期,成长于秦汉魏晋时期,定型于隋唐两宋时期。中国的节日体系是一种成熟文明的缩影,它既为社会提供时间容器,也是塑造

---

[1] 北京市档案馆:《那桐日记》,新华出版社2006年版,第5-12页。
[2] 北京市档案馆:《那桐日记》,新华出版社2006年版,第20页。

社会的时间模具。①而从节日的起源来看，我们可以发现，节日是一种文化现象，传统的节日总是与宗教、祭祀、庆典、聚会等联系在一起。而对比中西方节日演变的历史脉络，也可以发现西方的节日也与宗教有着密切关系，其主要的载体在教堂与广场，而中国节日主要的活动载体在于家族的祠堂以及各地广泛存在的庙宇。

从《北平风俗类征》所描述的岁时民俗来看，寺庙无疑是传统时代节日的重要载体，也是城市生活重要的公共空间。明清时期的北京，尤其是清代以后城市居住格局相对稳定（诸如满汉分居的规定），社会秩序也相对严格，寺庙与宗教的作用也逐步凸显出来。寺庙和宗教的作用，我们从李家瑞的记述来看，他们除了扮演礼仪秩序的空间角色之外，基本上成为满足人们日常精神需求的工具。尤其是节日提供了一个大众释放自我的重要契机，成为日常生活娱乐的调剂品。

美国学者韩书瑞（Susan Naquin）《北京：寺庙与城市生活（1400—1900）》一书，讨论了清代北京寺庙与公共及私人生活之间的关系，城市的各个街区都有自己的庙宇作为公共活动的中心。而寺庙也成为民众参与节庆仪式的公共空间，是城市生活不可或缺的组成部分。②这也提醒我们城市与宗教之间的密切关系。以节日为契机，寺庙为城市

---

① 高丙中：《文化自觉与民族国家的时间管理——中国节假日制度的现代问题及其解决之道》，载中国民俗学会、北京民俗博物馆：《节日文化论文集》，学苑出版社2006年版，第3—4页。

② Susan Naquin. *Peking:Temples and City Life, 1400-1900*, California, University of California Press, 2000.

的公共生活提供了舞台与空间。正如有学者指出的："城市节日通常都以寺庙为公共活动中心，烧香拜神、逛庙看会是传统城市居民节日生活的方式之一。"①这也正是传统时代城市生活充满活力的重要源泉。

进入民国以来，随着现代城市化的改造，大量传统民间宗教活动场所逐步消失。当今我们维系传统节日运作的主要手段是依靠官方法定的节假日，原有的节日氛围也逐渐淡去。以城市生活来说，节假日的设定固然有一定的引导作用，但从本文的研究来看，要保持历史文化传统的延续性，恢复节日习俗很重要的一个内容即是应当提供给大众一个举行节日仪式的公共空间，形成一定程度的社会认同感。这样才能使大众生活张弛有度并形成稳固与持久的节日文化，从而为和谐社会的建立提供有力的支撑。

公共空间，特别是公共的传统文化空间，是公共性的载体和运作领域，"公共空间"、"文化空间"这些范畴能够较好地见证民众生活的历史过程和现实状态，我们从中也可以正面地展望我们的社会前景。同时，"文化空间"还是联合国教科文组织"非物质文化遗产保护"项目中的一个关键概念，使之与中国特色的社会现象相衔接，可为我们从事这方面的工作提供一定的理论基础。面对中国社会的快速分化，怎样通过保护传统节日来维护和加强社会生活的公共性，是迫切的现实问题和重要的理论议题。这也正是传统时代寺庙与节日之间密切的互动关系带给我们的启示。

---

① 萧放：《城市节日与城市文化空间的营造——以宋明以来都市节日为例》，《西北民族研究》2010年第4期。

第二节 "学术公器"抑或培育新民？
——民初古物陈列所之创办及其社会反响＊

古物陈列所是清廷宣布退位之后，民国政府由内务部主导设立的国家博物馆。自1914年成立至1948年最终并入故宫博物院，古物陈列所见证了近代中国博物馆的发展历程，也可谓故宫博物院的前身。近年来已有学者对其加以关注，① 但总体上研究不够，尤其是其社会反响方面。② 本书重点关注古物陈列所在当时学术研究取向变迁及美育观念之养成方面的作用。

＊本文为提交给2015年故宫博物院成立90周年暨清代万寿庆典学术研讨会的会议论文，后经初步修改以《民初古物陈列所的创建及其社会反响》为题发表于《经济社会史评论》2017年第1期，收入本书时再次做了修改。

① 段勇：《古物陈列所的兴衰及其历史地位述评》，《故宫博物院院刊》2004年第5期；杭春晓：《民初绘画资源的开放——古物陈列所的成立与民初中国画》，《文艺研究》2005年第12期；陈为：《从古物陈列所到国立博古院——中国的第一座国家博物馆》，《中国博物馆》2009年第4期；吴十洲：《1925年前古物陈列所的属性与专职人员构成——纪念古物陈列所成立100周年》，《故宫博物院院刊》2014年第5期；徐婉玲：《古物陈列所国画研究馆开办始末》，《故宫博物院院刊》2014年第5期。

② 最近对前清遗留古物处置方面最深入的研究当属季剑青：《"私产"抑或"国宝"：民国初年清室古物的处置与保存》，《近代史研究》2013年第6期，第62—81页。

第三章　北京城市史研究

一、古物陈列所之设立背景

民国肇造，百废待兴。如何对待前清之皇室私产，是当时政学各界广泛关注的问题。而故宫作为皇家收藏的中心，自然成为舆论的焦点。1912年2月9日南京临时政府向袁世凯提交由临时参议院审议通过的《清室优待条件》中明确提出："原有之私产由中华民国特别保护"。随后，清廷表示同意并颁布《退位诏书》。①因此，清室的"古物"仍属私有，且皇帝退位后"暂居宫禁"。这种形势一度使得要求"复辟"的呼声甚嚣尘上。溥仪自称："复辟——用紫禁城里的话说，也叫做'恢复祖业'，这是'光复故物'，'还政于清'——这种活动并不始于尽人皆知的'丁巳事件'，也并不终于民国十三年被揭发过的'甲子阴谋'。可以说从颁布退位诏书起到'满洲帝国'成立止，没有一天停顿过。"②对此，民国政府是清楚的。袁世凯就任总统后，复辟之风仍未止息，于是他命内务总长与司法总长照会皇室，"以遏乱源"。与此同时，轰动一时的"热河盗宝案"再次将"前清故物"拉入公众视线。据国务院总理熊希龄的呈报："北京商店天聚昌等盗买热河避暑山庄前清古物一案，业经查明，先后将拿获店伙人等移交热河都统讯办，应请简派大员，前往热河认真查办，尽法严惩。"为

---

① 溥仪：《我的前半生》，群众出版社1982年版，第45—46页。
② 溥仪：《我的前半生》，群众出版社1982年版，第84—85页。

此，袁世凯特派许世英为查办专员前往热河调查。①许世英会同相关人员查点赃物共计220余件，所涉物品均是1913年五六月到年底在北京各大古玩铺以及热河等地交易买卖中拿获的。如金绒毡子、各类红色雕漆、康熙瓷瓶等，而且这些古玩店还曾转卖给西人。许世英还特别提到，"查避暑山庄陈设宝物，前清光绪十四年（1888）以前有无遗失，无档可稽。自十四年以后，起运一次即遗失一次，清理一次亦遗失一次。其故由于奸商盗买，为富不仁，因之穷苦园丁亦遂见利忘义，乘机窃取，盖几成无可逃避之事实。"②可见，清末以来避暑山庄之古物即流失严重，而古物的清理与起运往往成为盗买盗卖的高峰。这种局势下，政府不得不再次面对舆论的巨大压力。

其实，北洋政府内部对此已有考虑，以朱启铃领衔的内务部更是提出了实质性的举措："查古物应归博物馆保存，以符名实。但博物馆尚未成立以先，所有古物，任其堆置，不免有散失之虞。拟请照司所拟，于京师设立古物保存所一处，另拟详章，派员经理。至各省设立分所之处，应从缓议。是否有当，伏候鉴核。中华民国元年十月一

---

①《国务院委派许世英为查办专员函》，1914年1月20日，载中国第二历史档案馆编：《民国档案史料汇编（第三辑）》，江苏古籍出版社1991年版，第206页。
②《许世英查办被盗古物情况致大总统呈》，1914年4月2日，载中国第二历史档案馆编：《民国档案史料汇编（第三辑）》，江苏古籍出版社1991年版，第206-211页。

日。"①这是1912年10月内务部给袁世凯的呈文,内务部其实已经对古物的保管有所考虑,视其为博物馆的过渡阶段,这与古物陈列所此后的定位也基本相符。可能也是基于此,当年的《申报》即发布消息称"京师设古物陈列所于先农坛,自元旦起纵览十日"。②这里所谓的"古物陈列所"应当即是呈文中的古物保存所,是故宫古物陈列所的前身,1912年底成立,1913年元旦起开放10天免费参观。③

除针对国内的复辟与盗宝案之外,西方学人对古物的搜集与研究也刺激着政府与学界的神经。1909年的《时事画报》就曾发表《乡人保存古物》一文,讲的是一个德国人在山东潍县北乡某寺中发现碑文,该碑"雕工极精致,并有古篆二百余字,细加辨识乃东汉物也。德人欲以洋二百元购之,村人不肯"。最后盗碑的某甲被罚钱四十千文盖碑亭保存古碑。④这种结局可能并不多见,有着正面宣传的意味,更多的古物恐怕是被盗窃与变卖,流转海外。如1912年初法国人贝雅尔盗买山东惠民县李氏宗祠祖庙内宋代雕漆围屏一案,山东都督张为民致函民政部与法国大使馆说明情况,此雕漆围屏系族人李衡文等私自勾结古董商

---

①《内务部为筹设古物保存所致大总统呈》,1912年10月1日,载中国第二历史档案馆编:《民国档案史料汇编(第三辑)》,江苏古籍出版社1991年版,第268页。

②《申报》1912年12月27日,第2版。

③杭春晓:《民初绘画资源的开放——古物陈列所的成立与民初中国画》(《文艺研究》2005年第12期)一文对此有所考辨,认为古物保存所即后来的古物陈列所之前身。

④《乡人保存古物》,《时事画报》1909年第11期,第30页。

所为，故而将古物截留，仍存李氏宗祠。① 而学者罗振玉也感慨："近欧美人之研究东方学者日增，故中国古物，航载出疆者，亦岁有增益，而我国国学乃日有零落之感叹。无识之商民，又每以国宝售诸外人，以侔一时之利，殊令人叹惋无已。"② 在此种形势下，1913年12月内务部公布了《古物陈列所章程》与《保存古物协进会章程》。该令文的说明文字中有如下表述："而异邦人士，梯航远来，又复挟资以求，怀宝而去，或且兢兢焉考究东方古学，侈为大家，以我国历代创造之精，又多笃学好古之士，而顾不暇自保，而使人保之，亦可慨也！"③ 这与罗振玉的说法如出一辙。当时人对此也是屡有陈词："中国古物者，中国之精粹也。中国人不自保存，展转流丧海外，而美人乃代为维持，既组织学会，刊布意见书于各国报章，复公递呈词于中国总统。我总统卒为感动，用是严令取缔。"④ 这里提到的美人有美国亚细亚学会书记麦考密克。麦氏称"中国自拳乱以后古物被窃去者不可胜纪。苟不速行防止，则数千年遗传之美术文物将饱受掠毁，莫能恢复，其影响及于中国古远伟

---

① 《法国人贝雅尔盗买山东惠民县李氏宗祠宋代雕漆围屏有关文电》，1912年4月，载中国第二历史档案馆编：《民国档案史料汇编（第三辑）》，江苏古籍出版社1991年版，第250—254页。

② 罗振玉：《俑庐日札·美术篇》，《国粹学报》第50期，1909年2月。

③ 《内务部公布古物陈列所章程、保存古物协进会章程令》，1913年12月24日，载中国第二历史档案馆编：《民国档案史料汇编（第三辑）》，江苏古籍出版社1991年版，第268页。

④ 闲云：《古物保存记》，《公言》第1卷第1期，1914年10月20日，第1页。

大之文明者匪鲜也。"他还历数西方博物馆等公藏机构收纳中国皇家掳掠品并不以为罪恶,劝诫中国政府保护古物防止流失。①让西方人提醒中国政府保护古物,多少还是有些讽刺意味。很快,1914年6月袁世凯即发布限制古物出口令,"嗣后关于中国古物之售运,应如何区别种类,严密稽查,规定惩罚之处,着内务部会同税务处分别核议,呈候施行"②。

可以说,在如此纷繁的局势下,"古物"承载着太多的政治、文化与民族内涵,故而保存古物成为各个阶层的共识。1913年9月朱启钤出任内务总长,相关问题很快被提上议事日程。随着热河与奉天文物进京,1913年12月24日,内务部下令筹办古物陈列所,并制定《古物陈列所章程》17条,公布施行。笔者还查阅到一部《内务部古物陈列所办事细则》,共18节、142条,详细规定了陈列所科室构成、职掌、保存物品情况、陈列、游览、售券、券价、减价、优待、会计、修缮、值班、值殿与巡查、考勤等问题。③具体筹建陈列所的情况,据当时的文件显示,内务部佥事金城发挥了重要作用。1914年的《内务公报》载:"现在热河奉天等处古物渐次移运到京,所有陈列地点早经拟定,就武英殿殿宇规度建置,查有本部佥事金绍城于建筑

---

① 闲云:《古物保存记》,《公言》第1卷第1期,1914年10月20日,第2页。
② 《大总统发布限制古物出口令》,1914年6月14日,载中国第二历史档案馆编:《民国档案史料汇编(第三辑)》,江苏古籍出版社1991年版,第185页。
③ 《内务部古物成列所办事细则》,国家图书馆古籍部藏民国刻本。

事宜素为谙习,堪以委充该处工程监修委员会同古物陈列所所长副所长妥为办理,委除任外,合亟令行该副所长遵照此令"。① 这样,陈列所在内务部的直接领导下,正式成立运作,开启了近代中国文博事业的先河。

二、"私藏"与"公器":古物之于学术研究

"古物"一词,在中古以来尤其是唐宋以来的文献中较为常见。《世说新语·贤媛第十九》记载的故事称"韩康伯母隐古几毁坏,卞鞠见几恶,欲易之。答曰:我若不隐此,汝何以得见古物?"② 韩母因卞鞠生活奢侈,通过颇具讽刺意味的回答来劝诫他。到唐宋时期"古物"在文献中出现的概率增多,如欧阳修的《集古录》、李昉的《太平广记》等文献均有记载。可以说,一直到清末,"古物"的概念多指涉"前朝故物"。明代沈长卿的《沈氏日旦》中记载当时读书人对古物文献的收集,有一段颇值玩味的话:"近世蓄古物者自夸曰我有宋板书,夫宋板所以妙者,在无错误字耳。此惟博学之士,精研而抱疑以备考订,则极快事也。然一部中不过几处考订,讫便成故矣。有等不读书人宝为骨董,譬武夫所用八十斤大刀,文人藏诸斋头,宁惟无用

---

① 《令古物陈列所会同金绍城办理陈列所工程事宜文》,1914年2月27日,《内务公报》1914年第6期,第36页。

② 刘义庆编,柳士镇、刘开骅译注:《世说新语全译》,贵州人民出版社1996年版,第575页。

且不相宜也，标出以破世俗之惑"①。可见，在明代就出现了对宋版书的追捧，但很多人只是将其作为装点门面的工具，附庸风雅而已。这种趋向到清代仍未有改变。清代考据学盛行，传统学术仍然惟"六经三史"为尚，所用的方法及材料仍然是内循环式，即从文字到文字，文献到文献，间有实物的研究也是为了佐证或厘清文献的记载，而不大留意实物本身能告诉我们什么其他的知识。②

在学术研究方面，古物陈列所之所以引起关注，主要是由于其保存的大量前清皇室私藏。对具备现代学术观念的学人而言，此类私藏乃学术研究之"公器"，应当公开展览并供学人研究。故而，当参观完古物陈列所之后，当时的清华学生皮名举就发出这样的感叹："该所陈列之物，为全国人民所共有，则人人当有观览之权利。该所与其他图书馆博物馆同一性质，理宜公开。而今则视为营业之场，以求利禄。券价奇昂，使贫人终身不获一睹；尤且阻止考古家及艺术家研究之热诚，使中国文化受莫大之影响。则与前清封存宫库中，又有何别？"③类似对于古物陈列所的批评不乏其人，他们针对的正是古物陈列所不完全开放性

---

① 沈长卿：《沈氏日旦·卷四》，王钟翰主编：《四库禁毁书丛刊·子部》，第12册，北京出版社2000年版，第324页。

② 王汎森：《什么可以成为历史证据——近代中国新旧史料观点的冲突》，载氏著《中国近代思想与学术的系谱》，河北教育出版社2001年版，第347页。

③ 皮名举：《参观古物陈列所以后》，《清华周刊》1925年5月15日版，第347期，第6页。注：皮名举（1907—1959）乃清末著名学者皮锡瑞之孙，1923—1928年求学于清华大学，后曾担任北京大学、西南联大、湖南师大等校教授。

质。陈寅恪也表达过类似观点。1930年11月，当听闻古物陈列所古物将要南迁，清华大学陈寅恪、蒋廷黻、顾颉刚、吴其昌等四人即联名撰文反对。他们指出："博物馆之意义，惟在公开与集中，所以设立博物馆者，其根本用意，原不过求材料之公开与集中耳，故离此二谛，即根本无博物馆，譬如甲有一唐画，乙有一周鼎，丙有一宋瓷，丁有一汉碑，秘密而不公开，有等于无也，如集合而公开之，以是研讨有人而学问生矣"。[①]可见，学界精英认为古物陈列所的属性应当是作为研究学术的平台。

然古物之研究，在很多仍具传统学术观念的学人看来，就是金石学的内容。例如罗振玉认识到古物与"国学"的命运息息相关，故而向张之洞上书建议在各省设立博物馆，收购出土古物，以供考究。[②]同时还呼吁制定"古物保存律"阻止古物出口。[③]这与晚清民初国粹派的很多主张相当接近。如邓实就曾提出"保存古物，不使流之异国，至文献无征，亦当今之急务也。"[④]但从邓实将其列为"金石"之类来看，国粹派的学者似乎并未脱离中国传统金石学的藩篱，而金石之学也是为文献研究服务，只是在"文献无征"的情况

---

① 《本校四教授反对古物分散之一篇公开状》，《清华周刊》1930年11月29日；第34卷第5期，第10页。
② 罗振玉著：《罗振玉学术论著集（第11集）：集蓼编（外八种）》，上海古籍出版2013年版，第124页。
③ 罗振玉：《俑庐日札·美术篇》，《国粹学报》第50期，1909年2月。
④ 邓实：《爱国随笔·金石保存一·丛谈》，《国粹学报》第52期，1909年4月。

下提供佐证而已。罗振玉的史学观念尤其是史料观当然超越了国粹派，这从他对明清档案的发掘与整理可以看出。但从殷墟的发现与后续研究来看，他毕竟与现代考古学的思路有些隔膜。他几次派人到殷墟，仍是为了找到甲骨与古器物，在认定"宝藏几空"之后，以出版《殷墟古器物图录》作为学术总结。① 所以罗振玉对古物可能仍停留在金石学或器物学的层面，并未将之与明清档案视作同等之史料。当蔡元培在1918年力邀罗氏与王国维北上，希望他们能对北大的发展有所建言时，罗振玉虽多方推却，却仍有感其盛情而为其草拟一书，建议北大设立一个古物研究所，作为编辑、流传和研究古物之地，以挽救古籍故书大量流出国外的现象。② 其思路仍然与早年的想法一致。王国维在其著名的《最近二三十年新发见之学问》一文中开篇也说："有赵宋古器出，而后有宋以来古器物、古文字之学"。③ 可见他认为古器物之学就是渊源于赵宋以来的金石之学。罗王二人对此的认识是一致的。

在清末民初新的史料观念及其实践过程中，顾颉刚无疑是重要的先锋。从他对古物陈列所之观感及古物的评价，可以让我们窥见新式学人的研究路径。通常情况下，一般

---

① 王汎森：《什么可以成为历史证据——近代中国新旧史料观点的冲突》，载氏著《中国近代思想与学术的系谱》，河北教育出版社2001年版，第356-360页。

② 陈以爱：《中国现代学术研究机构的兴起——以北大研究所国学门为中心的探讨》，江西教育出版社2007年版，第76页。

③ 王国维：《最近二三十年中国新发见之学问》，《科学》1926年第11卷第6期，第722页。

人对于古物多有好奇与赏玩之心理，很容易将其"古董化"，即便学者也不能将其视为一种研究之素材来对待。顾颉刚在1917年10月10日，与岳父吴寿朋"往文华殿观古物陈列所之书画，大好之"。因参观禁止摄影与笔记，归后方将所记忆者写出，约有三四十件。10月12日，以孔诞日放假，又独往观之，自开馆入至闭馆出，归后又记之。次年4月，再次参观文华殿书画。顾氏于1925年4月至5月，作《古物陈列所书画忆录》一文，发表在《现代评论》（第1卷，第19-24期连载）杂志上。[1]该篇文章除对古物陈列所的书画有详尽的观察与记述之外，还有很多评论。诸如对清室向古物陈列所提取物品极为不满："以亡清的皇帝而竟想民国的古物陈列所随意提取物件，这真是岂有此理！"[2]更为重要的是，从史学研究的角度而言，顾氏并未将古物陈列所的"国粹"停留在古器物与金石之学的层面。这种认识与顾氏对现代考古学、地质学的了解有关。1923年8月31日，顾颉刚参观地质调查所陈列室，颇受震动："始见石器时代的遗物，使我知道古代的玉器是由石器时代的东西演化而成的；圭和璋就是石刀的变相，璧和瑗就是石环的变相，铜鼎和铜鬲也就是陶鼎和陶鬲的变相。那时河南仰韶村新石器时代的遗物发现不久，粲然陈列，更使

---

[1] 顾潮编著：《顾颉刚年谱》（增订本），中华书局2011年版，第42、44、117页。

[2] 顾颉刚：《古物陈列所书画忆录（并序）》，《现代评论》第1卷第19期，1925年4月18日。

我对于周代以前的中国文化作了许多冥想"①。这完全是西方考古学的分析,想必他会将古物陈列所与地质调查所的陈设相对比,这确实也是个有意思的话题。

实际上,胡适就曾对地质调查所及其博物馆予以高度评价。他说:"这一周(1922年7月17—23日)中国的大事,并不是董康的被打,也不是内阁的总辞职,也不是四川的大战,乃是十七日北京地质调查所的博物馆与图书馆的开幕。中国学科学的人,只有地质学者在中国的科学史上可算得已经有了有价值的贡献。"②他对丁文江、翁文灏等人协同中外地质学者所做的调查研究如数家珍,备极称赞,"他们整理中国的地质学知识,已经能使'中国地质学'成一门科学"。最后他尤其盛赞地质调查所的博物馆与图书馆:"这次开幕的博物馆里有三千二百五十种矿物标本,图书馆里有八千八百多种地质学书报,在数量方面,已很可观了。最可注意的是博物馆里的科学的排列法。中国人自办的博物馆最缺乏的是没有科学的排列法,此次山东省花了五千元办的山东历史博物馆,只可算是一个破烂的古董'堆',远不如琉璃厂的一个大古董摊!三殿里的古物陈列所,也只可算得一个乱七八糟的古董摊,全无科学的价值。"③胡适以科学的眼光来观察中国学术之进展,褒贬之间

---

① 顾潮编著:《顾颉刚年谱》(增订本),中华书局2011年版,第90页。
② 胡适:《我的歧路》(1922年6月),载欧阳哲生编:《胡适文集》第3册,北京大学出版社1998年版,第369页。
③ 胡适:《我的歧路》(1922年6月),载欧阳哲生编:《胡适文集》第3册,北京大学出版社1998年版,第369页。

可见其学术取向。从科学研究的角度，胡适认为古物陈列所不过是个古董摊，没有科学的排列与整理，缺乏历史的眼光与整体的观念，而这正是他此后提出"整理国故"的动因之一。①

与胡适的"科学"设想一致的是，顾颉刚也力图在历史陈设方面进行科学排列的尝试。1925年12月为布置北京大学二十七周年纪念会时，顾颉刚为当时的风俗学会陈列室的参观做了一番设计："参观的人先到考古学会陈列室，再到明清史料整理会陈列室，又到风俗学会和歌谣研究会的陈列室。这固然是路线的方便，但至少在程叙上也可以说有一点意思，就是：使参观的人从古代看到现代，得到一点历史的观念，又从皇帝看到小民，得到一点学术平等的观念"。然而现场的观察却让他失望，"他们到考古室时感到鼎彝的名贵，到明清史料室时也很感到诏谕的尊严，但到了风俗和歌谣室时便不然了，很多人表示轻蔑的态度……"。他进而认为，参观者对其学术事业仍不乏误解，宣称"凡是真实的学问，都是不受制于时代的古今，阶级的尊卑，价格的贵贱，应用的好坏，是一律平等的。在我们的眼光里，只见到各个的古物、史料、风俗物品和歌谣都是一件东西，这些东西都有它的来源，都有他的经历，

---

① 关于胡适与北大国学门整理国故的相关史实，参见陈以爱：《中国现代学术研究机构的兴起——以北大研究所国学门为中心的探讨》，江西教育出版社2007年版，第165-274页。

都有他生存的寿命,都是我们可以着手研究的"①。这种"平等的眼光"尤为难得。经其指点,首先扩大了史料的范围,而且提倡一种历史发展的观点,平等看待每一时代学术思想及相关材料的价值,反对"求其古"取向下的"古董家的习气",即不管任何学问皆注意最古的东西而忽略其他。

陈寅恪等联名上书反对古物南迁的声明书中,也有这样的认识。他们认为,从学术研究的角度来看,"博物馆之意义,为求学问上之方便,非若珍宝之可争夺授受也。家天下之时代,视故宫古物陈列所之宝物,为'珍宝',为'宝贝',为'值钱的东西',故有争夺,有盗窃,有恩赏,有惠赠,若以今日我侪站在学术的地位而观之,则虽可宝,而其价值,乃与'破铜'、'烂铁'、'碎瓦片'、'断骨头'等,故博物馆之设立,原不过求学问上之方便耳。"②这是从帝制时代转向公民时代的学术宣言,眼光也是超前的。

由此观之,围绕着古物陈列所及其陈设物品,当时的学界出现了不同的研究取向。以金石学传统为主的旧式文人仍从"器物学"的角度对其加以审视,而且怀有遗老的幽怨。而具备现代观念的学者对其评价则不高。可能在胡适和顾颉刚、陈寅恪等一批具备现代学术眼光的学人看来,古物陈列所及其古董式的陈设都是学术研究的负面典型,

---

① 顾颉刚:《北京大学研究所国学门周刊1926年始刊词》,转引自顾潮编著:《顾颉刚年谱》(增订本),中华书局2011年版,第131-132页。
② 《本校四教授反对古物分散之一篇公开状》,《清华周刊》1930年11月29日;第34卷第5期,第11页。注:因这篇宣言有顾颉刚的参与,笔者颇怀疑至少此段文字出自顾氏之手,有待考证。

并不值得推广。由于近代以来"尊西崇新"的大势,新派学者逐渐掌握话语权,古物陈列所也就自然被边缘化了。但古物陈列所在提供学界进行研究方面也并非毫无裨益,这其中主要的成就当属美术史研究与促进书画创作、鉴藏等方面。如有人评论称:"古物陈列所展示的历代名画,画家可以观看,可以临摹,大大改变了画家看不到历代名迹的状况,对中国现代绘画产生了很大影响。现代中国画从世纪初逐渐抛弃'四王',改而追踪宋元。从金城到南方的吴湖帆、冯超然、张大千等,都以模仿学习宋元为荣,特别促进了工笔画的发展。这个风最初是从古物陈列所刮起来的。"[①]可见,古物陈列所在向现代公藏机构过渡的阶段仍有其积极意义。

三、民初改元与重塑国民的尝试

回到清末民初的语境下,古物陈列所收藏的古物更蕴涵着"前清故物"的意味。当时很大一批旧士绅怀念故都,心系故国。民初遗老余棨昌在其《故都变迁记略》一书的序文中这样描绘其心境:"独予于往日之旧京,犹拳拳于怀而不能恝置焉。夫以声名文物绵延六百余年之古都,予幸生其间,既见其盛,旋见其衰,复见其陵夷。以至于今

[①] 转引自段勇:《古物陈列所的兴衰及其历史地位述评》,《故宫博物院院刊》2004年第5期,第30页。

日，而予犹偷息于此，此予之悲咽而不能自已者也。"①故而他称北京为"废都"，社稷坛与太庙"废为公园"，古物陈列所则是"其乾清门前各殿廷，于民国三年，因热河行宫及盛京旧宫古物运京，分陈于文华、武英两殿，名古物陈列所。而太和、中和、保和三大殿亦许人游览"。②古物陈列所因承载着旧宫古物，才不被视为"废所"，三大殿沦为游客观光之地，对遗老们来说更是难以接受的现实。当时社会人士对前清之留恋与凭吊很多即以建筑或古物为载体。如有自号"洪宪主人"者就曾创办"洪宪古物陈列所"并广而告之，称"本主人热心利禄，留意功名，叹机会之错过，恨命运之偃蹇，有志称臣，无力回天。识时俊杰，俱有同情。因不惜重资向各处搜集种种关于帝制之物品作为陈列，俾资观瞻。草昧愚民得睹皇家富贵，樗陋下臣略知帝室尊严"③。这里的"古物"则非国粹而是"清粹"了。而对民国政府而言，收藏并保存"前清故物"也是其政权合法性的表现之一，因这些都属"国粹"。袁世凯在宣称限制古物出口时即打出了"国粹"的旗号："中国文化最古，艺术尤精。凡国家之所流贻，社会之所珍护，非第供考古之研究，实关于国粹之保存。"④由此观之，古物在当时实际上

---

① 余榮昌：《故都变迁纪略·自序》，北京燕山出版社2008年版。
② 余榮昌：《故都变迁纪略》，北京燕山出版社2008年版，第8—10页。
③ 韦父：《洪宪古物陈列所开幕广告》，《余兴》1917年第30期，第116页。
④《大总统发布限制古物出口令》，1914年6月14日，载中国第二历史档案馆编：《民国档案史料汇编（第三辑）》，江苏古籍出版社1991年版，第185页。

成为"国粹"的象征，这也使得古物陈列所之设立牵动多方神经。

基于此种背景，民国建立之后，无论政府中具现代观念的官员还是学界知识分子，都力图尝试重塑新民。我们在当时的媒体报道中看到的是，随着民初改元，大量原来的禁苑改为公园、博物馆、陈列所等，相继开放，这本身就意味着一种变化与革新。正如费约翰（John Fitzgerald）在《唤醒中国》一书中指出的，在历史进步观念的指引下，人们产生的"新的时间感，标志着中国的城市、园林、街道等建筑环境传达出的感觉发生了改变"。这其中，博物馆的意义尤为重要："这些博物馆欢迎普通公民踏过其门槛，通常总是人头攒动，在破除旧的伦理秩序并代之以一种历史进步秩序方面，它们起了主要作用。……博物馆将过去打入历史，并暗示着岩石和街道之外储藏着某种未来。博物馆预示着种种进步的觉醒。"① 古物陈列所作为在皇宫禁院开办的公开陈列室，一定程度上也有此种效果。有统计数据显示，自 1928 年 7 月 14 日到 1934 年 6 月 30 日，古物陈列所的参观人数共计 421909 人；这几年中参观人数最多的一年是 1931 年，达到了 79304 人；1934 年仅半年参观人数即有 33598 人。② 人数似乎也并不算太少，应

---

① ［美］费约翰著，李恭忠等译：《唤醒中国：国民革命中的政治、文化与阶级》，三联书店 2004 年版，第 74、76 页。

② 参见《本所自十七年七月十四日至二十三年六月三十日每年每月参观人数统计表》，载《古物陈列所二十周年纪念专刊》1934 年 12 月版，第 62 页。

当还是起到了一定的开启民智的作用。据1914年的《大公报》报道其开幕盛况云："古物陈列所前日（11日）开幕，准人游览。是日往观者老幼男女络绎不绝，人数颇众。均由东偏门入西偏门出，东厢房所陈者均景泰蓝一类，西厢房所陈者则周汉以来铜制鼎瓵釜之属，正殿之中悬古字画四幅并恭设袁大总统肖像……"①。古物陈列所之开幕是作为国庆日重要纪念活动之一。通过仪式、节庆等活动，一方面政府力图灌输新的政治理念彰显其合法性，同时也透过展览唤醒民众并普及历史进步的观念。如1915年新年，《申报》的报道就称："近日警厅方面以点缀新历年景之故，从四面八方罗列种种故实以唤醒国民之感觉。其手续，如古物陈列所，则拟定减价三日，农事试验场商品陈列所，三殿中华门内地摊及先农坛等处同时开放，任人观览"②。古物陈列所及相关景观的开放，乃是"罗列故实以唤醒国民"。此后历年的元旦、国庆等日，古物陈列所基本都减价开放，而媒体报道中古物陈列所出现频率更高的则是在接待中外政要、名人以及社会名流等活动上。如1919年11月《申报》曾报道："本月二十五日京师总商会欢迎美国施栋等四资本家及公使参赞书记等并请钱能训、徐恩元及中外各银行家在传心殿设宴欢迎，后请游览古物陈列所，到者四十余人。首由会长安迪生述欢迎词，次美国代理公使丁博士

---

①《古物陈列所开幕志盛》，《大公报》1914年10月13日，第7版。
②《岁尾年头之京华各界观·点缀新年景物》，《申报》1915年1月1日，第6版。

及美资本家施栋君致答词"。① 到20世纪20年代，随着中央公园、北海、中南海、景山及京师图书馆等一系列景观与文化设施之设立，以故宫、北海为中心的内城核心区逐渐取代清代的宣南成为民国新式公共文化空间之大本营。有学者指出，北海在当时一度成为"新青年"们的"美育乌托邦"，其引入的茶座、图书馆、公共体育场等无不引领一时之风气，构成了辅助与补充学校教育的现代美育空间。② 古物陈列所也属于这个文化空间的一部分，自然也承担着美育的功能，这也正是民国一批知识精英所力图实现的美育理想。

在革故鼎新之际，很多学人首先想到的重塑国民的方式乃是通过美术与美育提高个人涵养。例如著名文学家冰心就曾鼓励当时的女学生，在"女学界最黑暗的时代"，应当自重自爱，加强自身修养，培养高尚的趣味。她认为："'剧场'、'游艺园'这等的地方，都含有'喧嚣华靡'、'光怪陆离'的意味，最能刺激我们的神经，扰乱我们的思想……同时也要以'学术演讲会'、'音乐会'、'古物陈列所'和'隔绝尘嚣的园林'这种的地方去替换这'剧场'、'游艺园'。因为这一类的地方，是'正当的'、'趣味的'、'高尚的'，能以清洁疏散我们的脑筋，活泼我们的思想，使我

---

① 《京商会欢迎美资本家》，《申报》1919年11月30日，第7版。
② 参见林峥：《"到北海去"——民国时期北海作为"新青年"的美育乌托邦》，载北京社科院历史研究所编：《中国的"双城记"：比较视野下的北京与上海城市历史学术研讨会论文集》，2015年6月，第10—37页。

们的学问知识有'课本'以外的增益辅助。这是造成我们、修养我们的'正当的刺激',我们不可不常常领受的。"①古物陈列所其被视作与学术演讲会、音乐会、园林同等重要的提高个人修养的场所,可见其对个人美育培养之重要性。

这种想法与时任北大校长的蔡元培相当一致。蔡元培作为中国高等教育的开拓者与领路人,本身即是一流的教育家。他对于教育的理解,充分融入了美育的元素。早在留学德国期间,蔡元培就对哲学、美学尤感兴趣。1916年底蔡元培入主北京大学,立即开始大刀阔斧的教育改革,尤其提倡美育教育。1917年2月,在与天津《大公报》记者的谈话中他指出:"更有二事为教育界所万不可忽视者:一位养成学生自动的研究学术之兴趣;一为提倡其对于自然界或人造物之美感。……既有高尚之美感,则职业之外,更有精神上之慰安……世间种种烦恼,皆可打破之。"②同年4月8日,北京神州学会在虎坊桥湖广会馆举行演讲大会,邀请蔡元培先生作首场演讲。也正是在这次演讲会上,他发表了题为《以美育代宗教说》的著名演讲,认为"吾人精神上之作用,普通分为三种:一曰知识,二曰意志,三曰感情"。早期的宗教兼具三者的作用,近代以来科学的发达使得知识与意志的发展独立于宗教之外,惟有感情亦即美感与宗教最相关。感情体现为美育,"鉴激刺感

---

① 冰心:《"破坏与建设时代"的女学生》,《晨报》1919年9月4日,第7版。

② 高平叔:《蔡元培年谱长编(第二卷)》(1917—1926),人民教育出版社1999年版,第11-12页。

情之弊,而专尚养感情之术,则莫如舍宗教而易以纯粹之美育"。①蔡元培认为,纯粹的美育可以陶冶性情,培养高尚的习惯,消除利己损人之念。他力图将美育作为一种深刻的精神教育、理想教育,借此改造国民性。他认为美育应该包括家庭、学校与社会三方面,而在社会的美育教育应当从专设的机关如美术馆、音乐会、剧院、历史博物馆、古物陈列所等,还包括地方的美化,诸如道路、建筑、公园等景观的设计以及名胜布置与古迹的保存等。②因此,古物陈列所也在其美育教育的范畴之内。在1922年的演讲中他又重申上述理念:"教育亦并非全靠学校,如演讲会、阅书报室,都是教育,如动物园、植物园、博物院、图书馆、戏院、影戏馆,都有教育的作用。现在北京虽有农事试验场、古物陈列所,范围太小,材料太少。有一个京师图书馆,止有旧书。"③他觉得古物陈列所还有改进提升的必要。而在1931年发表的《二十五年来之中国美育》一文中,他总结中国美育教育的成就,在美术一类专辟"博物院"一节,又专门提到古物陈列所:"最近期间,各地方多有古物保存所之设立,使古代美术不致散失,且可备参观者的欣赏,但规模均小。其内容较为丰富的,是北平的古物陈列所与故宫博物院"。古物陈列所"以奉天、热河两行宫之物

---

① 高平叔:《蔡元培年谱长编(第二卷)》(1917—1926),人民教育出版社1999年版,第22—23页。
② 蔡元培:《美育实施的方法》,《教育杂志》1922年,第14卷第6期,第1—7页。
③ 蔡元培:《市民对于教育之义务——在京师市民会的演说词》,《晨报副镌》1922年12月25日。

品充之，书画占最多数，更番陈列，其他瓷、漆、金、玉之器，亦为外间所寡有"。①可见，蔡元培对古物陈列所的评价不低，认为其在保存古代美术作品方面有贡献，可供美术之研究并促进美育之培养。

也正是基于此，他在北大积极支持各种学会，其中如北大画法研究会、北大音乐研究会等都得到了他的鼓励与帮助。值得一提的是，1918年蔡元培亲自组织筹备并领导了北大画法研究会这一学生业余美术团体，这一组织不仅发挥了高校美育与社会美育普及之功能，也直接影响到民国早期北京美术界的艺术实践，可谓开风气之先。②蔡元培倡导以科学方法进行画法的研究与实践，研究会导师有陈师曾、徐悲鸿、钱稻孙、贝寿同等。此前蔡元培曾函请陈衡恪（师曾）审定北大画法研究会的章程，③陈氏在当时画坛影响较大，后来也参与创办了中国画法研究会。中国画法研究会成立于1920年，会长由金城与周肇祥担任，也是民初北京画坛非常有影响力的组织。金城（1878—1926）即是前文提到的内务部佥事，乃民国画坛巨匠。金氏生于浙江湖州南浔的一个大民族资本家家庭，其亲妹金章乃著名文物学家王世襄的母亲。1902年赴英国国王学院学习法律，获法学博士学位，回国后曾任众议院议员。金城因善画闻名京师，王公贵人多相延揽，与宝熙、成多禄、肃亲

---

① 蔡元培：《二十五年来之中国美育》，载《蔡元培美育论集》，湖南教育出版社1987年版，第217页。
② 莫艾：《蔡元培与北大画法研究会》，《文艺研究》2008年第1期。
③ 《北京大学日刊》1918年2月21日。

王等友善，得尽览各邸第所藏，画学益进。①金城既有留学欧洲的背景与现代学者的眼光，又对权贵与内廷的私藏画作悉心研究，因此书画造诣极高。溥仪曾赐以"模山范水"匾额。他还赢得了"南画正宗"的称誉，成为当时的画坛领袖。②正是他极力劝说朱启钤开设古物陈列所。而周肇祥本人也是画家，后来还曾担任古物陈列所的所长。两大画法组织之间的人员有交叉，虽然理念并不完全一致，但对推动当时北京画坛的进步意义不可低估。③这两大组织及其流风所及，对古物陈列所此后的书画研究以及人才培养，尤其是后来创办国画研究馆奠定了基础。在周肇祥、黄宾虹、于非厂等人的支持下，古物陈列所国画研究馆于1937年4月开办，培养了很多此后画坛的名家如郭味蕖、陆鸿年、田世光等，这正是古物陈列所美术与美育教育结出的硕果。

四、余论

综观古物陈列所之创办及其社会反响，可谓毁誉参半。在一批新式学人或进步青年的眼中，古物陈列所无疑是落后的象征，是革命不彻底的表现。当年的进步青年杨振声

---

① 《中国近现代画家——金城画集》，天津人民美术出版社2012年版，第214-219页。
② 冠珍：《天下谁人还识君》，载冯克利主编：《老照片》第50辑，山东画报出版社2006年12月版，第106-108页。
③ 孙瑜：《从北大画法研究会到中国画法研究会——民初画坛致力画学进步的两种倾向》，《美术研究》2005年第4期。

在回忆五四运动的文章中提到,辜鸿铭在北大上课时宣传保皇思想,同学们议论:"他的皇帝同他的辫子样,早就该斩草除根了!";"把他的辫子同他的皇帝一块儿给送进古物陈列所去!"①此时的溥仪还居住在禁宫当中,将皇帝、辫子与古物陈列所并举,可谓意味深长。更有钱钟书后来在《围城》中的名言,他以讽刺的笔调挖苦张先生,"可是张先生夫妇保有他们家乡的传统思想,以为女孩子到二十岁就老了,过二十还没嫁掉,只能进古物陈列所供人凭吊了"②。古物陈列所成为"古董化"之象征。

学者刘半农从公民与观众的角度对古物陈列所与故宫博物院均极表不满:"范围没有故宫博物院大而所藏珍品极多的,要算古物陈列所。……其实,该所所藏物品,和故宫博物院里物品的性质完全相同,地址也只有一墙之隔。若将那道墙打通了,将两个机关并而为一,在行政上必定便利得多,节省得多。在参观的人,也可以省几个车钱,省几部脚力。无如大人先生们不肯这么办,那还有什么话说呢?"③随后他还抨击故宫博物院与古物陈列所门票所售价太高,"古物陈列所我已好久没去,大概还是每殿卖五毛,入门票在外。如遇元旦国庆等节,则减半售价。便就半价两毛五来说罢,一个拉洋车的必须等到了元旦国庆,拉了一点一刻的车(北平普通行市,拉车每点两毛),才能

---

① 杨振声:《回忆五四》,《人民文学》1954年5月号第55期,第105页。
② 钱钟书:《围城》,三联书店2004年版,第42页。
③ 刘半农:《老实说了吧》,陕西人民出版社2013年版,第104页。

走进门去,瞻仰瞻仰当初独夫民贼们敲诈剥削而来的许多赃物,这在中华民国'民'字的意义之下,是光荣呢?还是耻辱?"在他看来,古物陈列所以售价限制了民众参观,不利于文化的普及与传播,且与民国宣称的政治理念相抵触。再对比国外,"欧洲各国的博物院,大都是进门不要钱",其博物馆之设立在于补充教育之不足,体现的是对民众之态度。欧美体现的是"父母之与爱子之态度",而中国政府体现的则是"卖野人头者之态度"。[①]批评可谓相当严厉,直指政府弊端。

当然,上文也提到了古物陈列作为学术公器与美育教育平台方面的局限及其成就,其积极意义是不容抹杀的。更有学者从保护民族文化遗产的角度来评价古物陈列所与故宫博物院。上文提到的陈寅恪等四人联名反对古物南迁的宣言书开篇就说:"文化之进步,由于文物与工具由散而聚,其退步,由于文物与工具之由聚而散。"而对中国古物流散毁灭之现状尤感痛心:"以中国之伟大土地与历史,而其文化遗产,则蹈于悲惨已极之循环率,故以数千年之文化,而落人数百年之后,计自宗周先秦以来所留余之文物,集中于长安,洛阳,邺中,大梁,金陵,临安者,皆以为暴民毁荡盗劫一尽,至今遂烟消雾灭,上无以对我祖宗,下无以对我子孙,旁无以对我友邦",中西文化竞争与民族主义的情节尽显无遗。故而其高度评价古物陈列所及其与故宫博物院的合并:"直至民国三年,设立古物陈列所,实

---

① 刘半农:《老实说了吧》,陕西人民出版社2013年版,第104页。

为中国文化史上第一次有意义之大进步,其后民国十三年驱逐溥仪出宫,设立故宫博物院,此为中国文化史上第二次有意义之大进步,至于今日故宫博物院之接受古物陈列所,当为第三次进步。吾人方且更希望其第四次之广再搜集或发掘,第五次之精印流布,……乃至第七第八……无数次之进步"。①陈寅恪等人站在民族文化之保存的立场上来看待前朝古物,尤其是在当时西方学人的东方学研究颇有成就之时,这番话就更有针对性。让人联想到傅斯年在1928年《历史语言研究所工作之旨趣》中提到的"上穷碧落下黄泉,动手动脚找东西","我们要科学的东方学之正统在中国!"的说法。这里几位学者的宣言一方面是希望保存学术研究之材料,另一方面也是希望能借此为中西学术竞争有所助力。当时学界的主流意见还是希望以古物陈列所及故宫博物院为代表的文化机构能够促进学术进步与文化普及,故而对其予以高度评价。从这一意义上来说,古物陈列所的创办仍值得肯定。

---

① 《本校四教授反对古物分散之一篇公开状》,《清华周刊》1930年11月29日;第34卷5期,第9—10页。

第三节　追寻老北京城墙的历史背影*

一、"老北京"的空间形态

所谓的"老北京",用以前的说法又可以称为"古都",或者说"文化古都"。民国时期,"文化古都北平"恰与"摩登上海"形成鲜明的对比,凸显各自城市文化的魅力。那么文化古都从哪里体现出来?或者说体现其文化的载体是什么?我想,这些载体可能并不是坊间各种怀念老北京吃喝玩乐的东西,固然这些也体现出老北京社会生活闲适、有情趣的一面,但这肯定不是全部。比如这里的各类文人及其团体、高校与研究机构、琉璃厂书肆、博物馆、报刊与杂志等等应该都是文化古都的具体体现。

那么,如果从城市的空间形态与规划布局来讲,"老北京"又意味着什么?我想,这应该指涉的是新中国成立以前的北京,准确地说是拆除北京城墙以前的北京。按照通行的说法,从1153年(金贞元元年)金朝海陵王迁都北京算起,北京已有860余年的建都史。尤其是经刘秉忠规划设计的元大都,明代香山帮工匠对紫禁城的苦心经营,直

---

* 本文原发表于《新京报·书评周刊》2016年7月23日,B4视觉版。

到嘉靖三十二年（1553）外城建成，北京城"凸"字形的城市格局自此形成。此后直到20世纪50年代初，北京城墙与"内九外七皇城四"的城门延续了将近400年。新中国成立初期，人民政权定都北京，开启了北京城市建设的新时代。不必讳言，在当时的时代背景与政治环境下，很多现在看来非常宝贵的文物建筑与城墙城门等被悉数拆毁，留给我们的是一串串落寞的背影，更有诸多的历史记忆。自此，那个出了德胜门、永定门就算出城了的老北京，离我们一去不复返了。

二、研究资料缺失，谁在记录旧城的渐行渐远？

实际上，由于我们对北京古城的遗产价值认识不足，很多调查研究也没有跟上。直到20世纪80年代，在侯仁之先生的推介下，瑞典学者奥斯伍尔德·喜仁龙（Osvald Siren）的《北京城墙与城门》一书才得以与国内读者见面，由此我看到一位西方学者对民初北京城墙的测绘和拍摄的大量珍贵的照片，其调查之详尽细致也为我们所叹服。正如作者所说："墙垣比其他任何建筑更能反映中国居民点的共同基本特征"。在他看来，"中国不存在不带城墙的城市，正如没有屋顶的房子是无法想象的一样。"基于此种理念，他对城墙与城门的调查之深入就可以理解了。例如他提到："城墙的砖砌内壁，是一段一段衔接起来的，各段的修筑年代、质量和作法均有不同。很多城段的年代，可以根据镶嵌在墙上的兴工题记碑来确定。这些碑记不仅记录了重修的年代和范围,还辑录了监修官员的名字。"[1]读完这段文字,除去赞叹之外,还有深深的惋惜与隐痛:如果这些碑记还在,北京城的修筑历史及其背后的故事应该更加精彩才是。而侯仁之先生在为该书所写的序言中,更是深情回忆他乘火车到达北京及此后走上北京城市史研究道路的缘起:"我作为一个青年学生,对当时被称做文化古城的北平,心怀向往,终于在一个初秋的傍晚,乘火车到达了前门车站。当我在暮色苍茫中随着拥挤的人群走出车站时,巍峨的正阳门城楼和浑厚的城墙蓦然出现在我眼前。一瞬之间,我好像忽然感受到一种历史的真实。从这时起,一粒饱含生机的种子就埋在了我的心田之中……正是因为这个原因,我对北京这座古城的城墙与城门,怀有某种亲切之感,是他启发了我的历史兴趣,把我引进了一座富丽堂皇的科学探讨的殿堂"[2]。由此可见,城墙与城门对北京城市历史研究与文化传承的重要意义。

非常难得的是,最近我们看到直接参与20世纪50年代北京城楼维修与最终拆除的当事人之一,当时的北京市建设局道路科工务员孔庆普先生依据自己的亲身实践经历及其保存的调查资料、工作日记、照片等,完成了一部近50万字的《北京的城楼与牌楼结构考察》,其回忆录《城:

---

[1] [瑞典]奥斯伍尔德·喜仁龙著,许永全译:《北京的城墙与城》,北京燕山出版社1985年版,第44页。

[2] [瑞典]奥斯伍尔德·喜仁龙著,许永全译:《北京的城墙与城》,北京燕山出版社1985年版,序。

我与北京八十年》也于不久前面世。透过这些，让我们得以了解北京城墙与城楼等建筑，从最初的调查保护到后期的全部拆除，其间种种细节，发人深省也耐人寻味。如1951年4月，政务院遵照周恩来总理的指示，拨给北京市15亿元（旧币）城楼修缮工程专款。当时的北京文物整理委员会协助建设局做城楼修缮的工程设计，由孔先生主持施工，完成了包括东直门、阜成门、安定门等7项城楼与箭楼的修缮工作。此后又为城楼修缮专门制定了调查计划并举行座谈会。孔先生还详细记录了每一座城楼的修缮实施过程。此外，大量牌楼与道路也在维修的范围之内。但到了1952年，刘少奇副主席指示"北京是首都，要把北京建设成一座新型城市，要清除影响建设的障碍物……城墙、城门、牌楼都是障碍物"。于是修缮工程停止，拆除工程铺开。再如，1950年5月21日北京市都市计划委员会召开会议，审议北京市道路建设规划草案，为修筑城区与郊区的连通道路，需要开辟城墙豁口。梁思成先生在会上极力反对开豁口。他指出："城区交通不畅的原因是由于中央机关和北京市机关都设在老城里所致。城墙是文物，文物是不可以改变的。"而另外一派的观点则针锋相对，都市委员会总工程师华南圭则反驳道："城区有数十万居民，总不能全搬出老城吧！现有的几座城门，远不能适应数十万居民生活物资的运输，不开辟新的出路，怎能发展经济？怎能改善市民生活？"而当时大多数委员基本都赞成华南圭的方案。可以说，城墙开豁口是一个标志性事件，从最初的战备原因（1950年朝鲜战争为预防美国飞机空袭开豁口以便疏散市民）

到为发展道路，前后六批实施系统拆除豁口的工程，最为梁思成看重的城墙基本保不住了。以此为发端，直到城墙的全面拆毁，等于是宣告了"保城派"的彻底失败，老北京城自此与我们渐行渐远。这背后的逻辑与最终的结局值得深思。

三、回到历史现场，苏联方案是最后的胜出者

近年来，随着王军《城记》一书的出炉，尤其是"梁陈方案"的热炒，使得20世纪50年代北京城市改造问题成为社会各界关注的焦点。梁先生的坚持值得尊敬，这代表了终身从事建筑史研究的学者对古代遗产的敬畏与珍视。而如果我们回到历史现场，可能要对最终的实施方案采取多元的观察视角。新中国成立初期，北京市政府提出"服务于人民大众，服务于生产，服务于中央人民政府"的方针，北京城市规划的总体定位基本确定。尤其在全国上下对"新北京"充满期待的氛围下，诸如龙须沟的改造、城市垃圾的清理、自来水供应的解决等，都是民生工程，民生在此时的声音似乎压倒了"保城派"。巡此逻辑，我们对拆除城墙豁口开辟道路似乎就更容易理解了。此外，我们不能忽略更重要的背景——苏联因素。从档案文献的梳理可以看出，20世纪50年代的北京城市规划是以20世纪30年代的莫斯科为蓝本的。随着大批苏联专家的到来，从1953年《改建与扩建北京市规划草案的要点》到1957年《北京城市建设总体规划初步方案》，苏联专家的意见基本

主导了此后的发展方向。如草案中规定，北京除成为政治文化中心外，"特别要将其建设成为我国强大的工业基地和科学技术的中心"，而后一方案中发展大工业的思想更为突出。变"消费城市"为"生产性城市"的呼声一时甚嚣尘上。孔先生提到的刘少奇的"拆城指示"，联系到刘少奇的留苏背景，我们有理由推测他受到了苏联模式的影响。另外，方案中"对于古代建筑物应采取区别对待的方针"，这正是后来北京市副市长吴晗与都市委员会座谈时提出的原则，虽然梁思成先生并不认同。再如，一份苏联专家的建议指出，"在新市区建筑文化、生活房屋和技术设备的费用，比旧城拆毁和迁移居民的费用要多。根据莫斯科的经验，拆毁旧的房屋的费用，连同居民迁移费用，不超出25%～30%新建房屋的造价，而且在旧城可利用已有的文化与生活设施"。这等于是否决了"梁陈方案"。因此，考虑1950年代北京城市的改造过程，中央与北京市政府、梁思成及"保城派"、苏联专家均是重要的参与方，而苏联方案则是最后的胜出者。

正是在此种思路下，北京的城楼、城墙均被视为新城改造的阻碍物，老北京城终于成为过去。也正基于此，孔著的意义则更加凸显出来，因为他为我们保存了老北京城难得的历史记忆。

第四节　摩登北京如何可能？*

提到民国北京，我们似乎更多形容其为旧都、旧京，抑或"文化古都"，甚少将其与"摩登"联系在一起。在学术界尤其是城市史的研究中这也似乎是通例与常识。美籍学者李欧梵曾有一本研究上海都市文化的著作，反响颇大，书名就叫《上海摩登》。书中从外滩建筑、百货大楼、咖啡馆、舞厅、公园与跑马场讲起，一下子把我们带回到了十里洋场的民国上海新世界。作者指出，"20世纪30年代，上海已和世界上最先进的都市同步了。"①颇有为上海感到自豪的意味。那么反观北京，对照标题，我们不禁生疑：民国北京，其"摩登"何来？

其实，民国北京追寻"摩登"的努力一直未曾间断。史明正先生《走向近代化的北京城》一书关注的核心问题就是"北京是何时、又是怎样开始从帝国都城向近现代化转变的"。于是，他通过考察北洋时期官方成立的"京都市政公所"对市政管理与城市规划的直接推动，还有诸如

---

* 本文原发表于《新京报·书评周刊》2016年11月12日，B8城市版，是为李少兵先生《北京的洋市民：欧美人士与民国北京》一书所作的书评。

① 李欧梵：《上海摩登——一种新都市文化在中国（1930—1945）》，北京大学出版社2005年版，第7页。

道路铺设、污水排放系统改造、城市公共空间的开放、供水、电灯照明与城市交通的变革等侧面,全面揭示北京城市近代化的实践历程。正如作者所说,"在20世纪的最初30年,北京经历了其长达几个世纪的历史上所没有的近代化"。他对20世纪初北京的公共工程运动高度评价,认为其"为中国的现代化铺设了道路,对近代中国也具有革命性的影响"。①

然而遗憾的是,这类"物质文明"的进步,在近代以来的北京城市历史叙事中常常被"老北京的故事"所取代,因此北京给人的印象就是古城、旧都与怀旧。我们认为,原本形态与内容更加丰富的近代北京,亟须更加多元化的叙事与解读方式。

李少兵先生等著《北京的洋市民:欧美人士与民国北京》(以下简称《洋市民》)就是这种多元化取向的积极尝试。如果说史明正先生所讲述的市政建设的近代化是物质层面的"摩登北京",那么《洋市民》一书则是从社会群体的角度讲述民国北京的"摩登群体"——洋市民的故事。当然,对于何谓"洋市民",我们可能有不同的理解。但不容置疑的是,自元大都时期直至当下,西方人士与北京一直有着不解之缘。而清末民国的"洋市民"又与近代中国的使馆区的设置有着直接关系。

清末以来,尤其是1860年《北京条约》签订后,英国在东交民巷御河西岸醇王府、法国在台基厂南口庆公府分

---

① 史明正:《走向近代化的北京城——城市建设与社会变革》,北京大学出版社1995年版,第287-288页。

别建立使馆为起点,各国使馆云集。而1901年的《辛丑条约》正式规定:"各使馆境界,以为专与住用之处,并独由使馆管理,中国民人概不准在界内居住。……诸国分应自主常留军队,分保使馆。"同时,"使馆保卫界"之四至亦被确认。于是,北京城里出现了一个"城中之城、国中之国"。正是以此为契机,1900年以后,东交民巷的各国使馆几乎全部扩建并新建大量建筑,至1912年形成了一处全新的欧式街区。这样就为民国北京的洋市民们提供了一个法定意义上拥有治外法权的独特生活空间,可以想见,他们自然构成了民国北京的"摩登"风景。

据《洋市民》一书的统计,1901年仅东交民巷的各国使馆卫队人数即达到了2000人;1932年北京外侨国籍计有20多个,分布于北京内外15个区。到1947年外侨国籍数达到了39个,职业更是五花八门。这些数据都说明,民国时期的"洋市民"已经渗透到北京政治与社会的众多领域,形成一股不容小觑的势力。这在北洋时期表现更为明显,欧美人士长期把控海关、盐务与邮政部门的核心位置,如我们熟知的担任海关总税务司的赫德先生,此外还有曾长期担任中华民国总统政治顾问的《泰晤士报》驻北京特派记者莫礼逊。清末著名的"丁未政潮"正是因瞿鸿禨的夫人无意将消息泄露给了《泰晤士报》,才使得瞿鸿禨与岑春煊联手扳倒庆亲王与袁世凯的计划流产,瞿鸿禨与岑春煊被革职与外放。其实,还有书中未提到的末代皇帝溥仪的老师庄士敦,这样一位终生未婚并终老于荒岛的英国人,至死忠于溥仪,可算是英国的"大清遗民"了。如果没有这些人，清末民初的历史有可能是另一种走向吧。

"洋市民"的生活方式及其社交网络可能最能体现民国北京"摩登"的面相。可以举个例子。1919年正在北京访问的杜威夫妇在给儿子的信中为他们在北京能每天至少吃一次冰淇淋而颇为得意。当然，房屋的西式改造、东交民巷使馆区及其附近的王府井大街作为贸易交融中心的便捷购物条件、相对独立的教育体系与宗教活动、西式的交通、通讯与报纸、现代的医疗卫生设施以及西式的娱乐游戏等等诸多西方模式的移植，使得这些"洋市民"很快适应了北京的生活。货币汇率与低廉的物价更使得他们多数人在北京活得悠游自在，可以很方便地雇佣仆人。难怪北京法国医院的一名意大利修女称北京是天堂。而当一个普鲁士的男士在六国饭店问一个美国女人："你喜欢北京吗？"这位美国女士回答："噢，非常不错，如此美丽，很有意思。昨天我们去了靠近南口的明陵，噢，真是令人愉快，令人愉快啊！"就从这位女士居住的六国饭店来说，其实最典型地反映了西式生活方式的引入。

六国饭店于1905年建成，1949年以前一直都是北京最具代表性的西式饭店之一。20世纪30年代风行一时的《北平旅行指南》中，六国饭店也被列为著名旅馆之列。建成之后的六国饭店，设施无疑是极度西化的。书中提到，六国饭店一个普通客房的内部布置包括"整洁、盖着绸面鸭绒被的英式床，花边窗帘，装有镜子的大衣柜，电灯，配有冷热水龙头的盥洗室，床头小桌和桌上红色丝绸罩着的小灯，舒适的安乐椅等"。这是1912年一位西方旅行者的记录。除住宿之外，六国饭店也是北京最早引入西餐厅的饭店之一，清末外务部尚书与步军统领那桐光绪三十二年（1906）的日记中就有到六国饭店用餐的记录。1911年的闰六月，辛亥起义已经不远了，那桐还与末代状元张謇在六国饭店聚餐。朱家溍先生称，六国饭店乃民国北京"英法式第一流的三家西餐厅之一"，另外两家为北京饭店与西绅总会。① 此外，西式的交际舞会在六国饭店也大行其道。档案显示，国共内战期间，前方战事方酣，盟军战地服务团与上层权贵在六国饭店内的复活节与狂欢节舞会却是夜夜笙歌。在这些西洋生活方式的引入与传播过程中，"洋市民"们无疑是重要的推手。

举此例一方面是印证书中所提"洋市民"们从物质生活层面推动了北京城市的近代化，而且这种物质层面的变化与当时的政治、经济与文化活动有着密切联系，塑造着新型的城市文化空间。另一方面也是想说，此书的研究是从几个宏观的侧面勾勒出"洋市民"如何介入到民国北京的城市社会生活之中，我们仍然需要更多细致扎实的个案研究对此加以回应，六国饭店就是很好的例子。

"洋市民"及其生活方式的进入对北京市民无疑有着一定的冲击。正如书中总结的，北京市民对此由嘲笑、畏惧、憎恨到习惯、友善与利用，这些物质层面的变化逐渐成为北京城的一部分。这与史明正先生提到的北京市政现代化的实践历程引起的反应估计是类似的。如果此说成立的话，

---

① 赵珩：《老饕漫笔：近五十年饮馔摭忆》，三联书店2012年版，序言。

那么"洋市民"们推动的现代化似乎成为北京城市现代化的先声,这是值得肯定的。本书结语还提到,多数欧美市民对北京的传统建筑与城市风貌是由衷热爱的。从城市景观来看,似乎传统与现代在民国北京并行不悖,相映成趣。这也是耐人寻味的地方,让我们思考民国北京"现代性"的复杂图景:中西不同的"现代性"实践在民国如何交错互动?

总之,此书的意义在于提示"老北京"或者民国北京研究的另一种可能性,揭示民国北京的多元面向,即"老北京"并不是只有老旧城墙、市井平民生活与天桥的杂耍,也有摩登与时尚的一面,为我们多角度展示了"摩登北京如何可能"。

第五节　从六国饭店看近代北京公共空间的历史演变*

城市史的研究成为近年来史学界的热点问题之一，相关学术会议与论著均不胜枚举。①北京城市史的研究，在历史地理与通史、专题史方面取得了一定成绩。②然而，从城市史研究的学术轨迹来看，学者们逐渐从关注城市纵向的历史演变、历史地理与环境变迁、城市规划与管理等宏观层面的问题转向城市微观个案、细部以及城市生活的研究，这其

---

* 本文原为提交给2015年北京社科院历史所与华东师范大学上海史研究中心联合主办的"双城记——比较视野下的北京与上海城市历史研究"国际学术研讨会的会议论文，后收入《北京史学论丛2015》，群言出版社2016年版，第181-195页。

① 代表性作品可以两本论文集为例，参见李孝悌主编：《中国的城市生活》，新星出版社2006年版；复旦大学文史研究院编：《都市繁华——一千五百年来的东亚城市生活史》，中华书局2010年版。上述论文集分别为2001年12月在台湾暨南国际大学举办的"中国的城市生活：14—20世纪"国际学术研讨会以及2009年3月由复旦大学文史研究院与哈佛大学东亚系联合举办的同名学术研讨会之成果。

② 前者以侯仁之先生为核心，代表性成果参见侯仁之、唐晓峰主编：《北京城市历史地理》，北京燕山出版社2000版；侯仁之：《北京城的生命印记》三联书店2009年版。后者以北京社科院的学者为代表，成果如曹子西主编：《北京通史》（十卷本），中国书店1999年版；吴建雍主编：《北京城市发展史》（五卷本），北京燕山出版社2008年版。

中，对城市空间的关注成为一大亮点。[①]从北京城市史的研究来看，北京作为帝国都城的历史最为学界与大众所津津乐道，而北京从传统走向现代及其城市公共空间之拓展却相对关注较少。[②]巡此脉络，本书尝试以清末民国时期北京重要的社交平台——六国饭店为个案，探讨城市公共空间之建构历程。

本书所论的"公共空间"（public space）——上层社会的活动空间，区别于一般的城市下层公共空间。众所周知，东交民巷使馆区是近代北京的"城中之国"，虽在北京辖区内，却享受着治外法权，这本身使其具有一定的公共性质。在这一特殊背景下，六国饭店作为一种高档消费场所又与当时的国内政治、学术与社会生活发生多重关联，构成了一种独特的公共空间。

六国饭店（Peking Grand Hoteldes Wagons Lists）由新瑞和洋行（Davis & Thomas）设计，1902年在东交民巷路南、御河东岸建成。早期生意一般，1905年由英国人牵头，重新募资，吸纳六国资本，因此得名。而据1908年日人编辑的《北京志》记载，"外国人经营之旅馆，大多在东单牌楼、东交民巷、东长安街等地。居现时北京旅馆中

[①] 代表性成果如王笛:《街头文化：成都公共空间、下层民众与地方政治（1870—1930）》，中国人民大学出版社2006年版；王笛:《茶馆：成都的公共生活与微观世界（1900—1950）》，社会科学文献出版社2010年版；杨念群:《再造病人：中西医冲突下的空间政治（1832—1985）》，中国人民大学出版社2006年版。

[②] 代表性成果如史明正：《走向近代化的北京城——城市建设与社会变革》，北京大学出版社1995年版；董玥：《民国北京城：历史与怀旧》，三联书店2014年版。

规模最大者为比利时人经营之瓦贡里（中国人称之为六国饭店或各国饭店），位于东交民巷御河桥畔，为砖瓦结构之二层楼房，巍峨耸立，乃北京最壮美建筑物，房费一日八美元"①。20世纪30年代风行一时的《北平旅行指南》中，六国饭店也被列为著名旅馆之列，地址标注为御河桥东。②据建筑史家张复合先生的总结，六国饭店属于近代北京"西洋楼式"早期建筑中外国人作品之代表。其建筑坐东朝西，平面近似"山"字形，中部和南北侧翼西向山墙做半圆山花装饰，(图48)可能受到圆明园西洋楼建筑的影响。③

图48　引自张复合：《图说北京近代建筑史》

①张宗平、吕永和译：《清末北京志资料》，北京燕山出版社1994年版，第418页。
②马芷庠著：《老北京旅行指南》，北京燕山出版社1997年版。本书系1935年版《北平旅行指南》重排本。
③张复合：《图说北京近代建筑史》，清华大学出版社2008年版，第18页。

一、作为政治活动空间的六国饭店

六国饭店自建成之后，很快便成为东交民巷使馆区的重要避风港，也成为各种政治人物活动的空间。早在宣统二年（1910）刊印的《京华慷慨竹枝词》里对六国饭店就有如下描述："海外珍奇费客猜，两洋风味一家开。外朋座上无多少，红顶花翎日日来"。① 这里的西洋风味令人耳目一新，而"红顶花翎日日来"则说明这里是清廷官员时常光顾的对象。

清廷覆灭之后，这里的政客活动也并未减少。据档案文献记载，1913年7月，北平市警察局侦缉队就发现了清廷重臣子弟前往六国饭店，形迹可疑。为谨慎起见，他们向警察局递交了报告："为呈报事，据侦探报称前陕甘总督升允之子更名罗叔平于前月三十日由津来京，并偕同庆王之子载抡、端方之子继昆侯等同住六国饭店，时往花旗银行密议，究竟有无特别情事，探明继陈，先此呈报，谨呈总监。中华民国二年七月二日侦缉队长李寿金"②。毕竟清政府被推翻才过去两年，这批"遗少"们自然成为警察盯梢的对象。尤其是庆亲王奕劻在晚清属枢机大臣，受到

---

① 路工编：《清代北京竹枝词》，北京古籍出版社1982年版，第148页。

② 北京市档案馆藏：《北平市警察局侦缉队关于升允之子更名罗叔平在六国饭店情形的呈报》，1913年7月2日，档案号J181-018-00760。

慈禧重用，这里提到的载抡是其第五子，领头品顶戴。端方更是清末新政的功臣，1911年死于四川保路运动。升允在清末也是忠于清廷，辛亥革命之后曾率军勤王，溥仪在《我的前半生》中将其与善耆、溥伟与铁良并称"四个申包胥"。因此，这批人明显都与清廷有着千丝万缕的联系。此后档案中没有相关记载，我们无法得知他们究竟是否有所图谋，但据此也可透露出六国饭店在当时是一个政治避风港与谋划政治活动的重要据点。

时人对此也是洞若观火。成书于1923年的《中华全国风俗志》在记述清末至民国年间的京兆风俗时专门提到了六国饭店："六国饭店在中御河桥边，建筑壮丽，陈设华美，较之沪上汇中，殆过无不及。从前为外交团俱乐部，光、宣之交，满清贵族，群学时髦，相率奔走于六国饭店，为外人点缀风景。实际上，则昔之间接以金店为纳贿机关者，一变而直接以六国饭店为大本营。实则六国饭店在京颇有政治上之集合势力，非仅图哺啜已也。无论何项调停事件，比至六国饭店，则无不迎刃而解，何其遭际之幸也！"[①]这里直接揭露六国饭店实乃政治黑金的交易所，背后有着各种政治势力的参与。一则民国野史的记述与此相似。其文称"凡初入京之显要及挟资北游、好自炫耀者，辄居六国饭店，盖一闳壮之西式旅馆也，了无足异。今所以志之者，则以最近之三大痛心借款，皆发生于是中故也。三大借款者何？则军械、森林、金券。"原来某国非正式的

[①] 胡朴安：《中华全国风俗志》（下册），河北人民出版社1986年版，第3页。

银行代表常居六国饭店,结交军阀并签署秘密军事协定购置外国军械。此人后来又游走于权贵与买办之间,森林借款与金券借款相继而起,后来更涉及矿山、铁路等开发权。军阀买办通过此人出卖国家利益中饱私囊,其他国家的代表对此也群起反对,"谓不能坐视某甲一人独吞六国饭店之饭碗"。有好事者戏题曰"中华民国者,何异一大六国饭店也。然既已六国饭店矣,则六国人自各有一饭碗。在今一国欲独据而吞之,奈何不惹起事端哉!"①西方国家与国内政治势力借六国饭店大肆进行各种内幕交易,使这里一时成为民国政治的前台。

六国饭店在民国时期引人瞩目的政治事件还有北洋军阀张敬尧被刺一案。张敬尧(1881—1933)乃北洋皖系骨干,在任湖南都督及省长期间,因横征暴敛、贩种鸦片、查封报刊等恶行激起民愤。为此,毛泽东曾领导著名的"驱张运动"。从湖南败退之后,张敬尧先后投靠张作霖、吴佩孚与张宗昌,在张宗昌被北伐军打败之后亦随之下野。1932年,张敬尧又加入伪满洲国,被任命为平津第2集团军总司令,在华北从事各种军事及谋略活动。作为这些活动的一环,张敬尧秘密赴北平,组织旧部呼应日军。②在档案中,我们也看到张敬尧在平津等地的活动早已引起注意。1930年北平警备司令部的一封函件明确要求"防范张敬

---

① 李泽平等编著:《民国野史大观》,江苏文艺出版社1996年版,第477—479页。
② 中国社会科学院近代史研究所编:《民国人物传》第7卷,中华书局1993年版,第230—233页。

尧":"据天津袁司令电,据报蒋逆最近起用张敬尧,委为前敌招抚司令,其旧部官兵多已奉命赴各处进行号召,大体已将就绪。张于本月二十日由海道秘密来津,拟在平津遥为呼应,其旧部出入张宅者不可胜计并在宅内暂设接洽登记组织三处,由其弟敬舜总其成等情,……饬属随时严密注意查挈以杜乱萌为要。"[1]这是一封由天津警备司令袁庆曾(1893—1975)透露的情报,由华北警备司令部传达至北平,情报显示张敬尧投靠了蒋介石,此时的平津在阎锡山的掌控之下,阎蒋矛盾渐趋公开化,故而直呼"蒋逆"。次年,张敬尧还要求北平市政府发还其被没收之房产,前门大栅栏路北的庆乐戏园与前门外后孙公园的宅院都被其收回。[2]好景不长,两年后张敬尧即毙命于东交民巷使馆区。1933年5月7日张氏被刺于六国饭店。据档案记载,5天后,其女张继侠向北平市警察局报案要求缉拿凶手。其呈文称:"呈为替父鸣冤仰恳恩予缉凶昭雪事。窃先父敬尧年来息影津门,潜心佛学,与人无忤,与世无争。因于上月在家连接恐吓信两封,先父为息事宁人起见,经家人等劝至北平暂住。至于更易姓名亦完全为避人耳目之故。不意于本月七日仍遭人暗杀于六国饭店内,全家老幼痛不欲生。荷蒙钧座秦镜高悬,恩赐办理丧事,深仁厚德,感激靡涯。伏

---

[1] 北京市档案馆藏:《北平警备司令部关于防范张敬尧的函》,1930年9月2日,档案号:J181-020-04633。
[2] 北京市档案馆藏:《北平市政府关于准协助将查封张敬尧之产业派王震东接收的训令》,1931年11月10日,档案号:J181-020-07014。

恳钧恩，饬令缉凶归案以塞悠悠之口，是则死者感恩，生者戴德。谨呈北平市公安局局长鲍。孤女张继侠。"①

有趣的是，当年的《大公报》对此事也有详细报道，与张继侠的说法却大相径庭。张敬尧被刺的第二天，《大公报》以"北平六国饭店昨发生凶案，一青年枪击常世古，但常偏坚不认被刺"为题加以报道。这里所谓的"常世古"即张敬尧的化名。报道称张氏1933年4月21日自天津到北平，携妻入住六国饭店楼上30号房间，时有阔绰友人来访并与之密谈，引起饭店中人注意。5月6日晚12时，有报称周作人的青年亦携妻入住楼上33号房间。5月7日一位二十余岁之青年前来拜访周作人夫妇，随后与周氏夫妇共同外出并于上午12时左右独自返回，趁机将张氏刺杀于房间内并迅速逃走。张氏额头与腹部各中一枪，应声倒地。而报道称张敬尧竟然不承认被刺杀，料定此案必有隐情。②5月9日，该报再次跟进报道。此次认定了张敬尧的身份，认为"绝非普通仇杀，实爱国青年手刃汉奸之一幕活剧也"。原来5月8日，有名为"专锄汉奸救国团"的团体发表通电，宣称张氏乃"军阀残余，更包藏祸心，阴谋建立华北伪国，受敌人七百万元之接济，企图在平津暴动，作卖国之先驱。为虎作伥，数典忘宗。似此败类不除，实国家心腹之祸患，民族之污玷。故本团爰于本月七日手

---

① 北京市档案馆藏：《张继侠关于先父张敬尧遭人暗杀请缉归案的呈》，1933年5月12日，档案号：J181-020-11738。
② 《北平六国饭店昨发生凶案》，《大公报》1933年5月8日。

诛该贼于北平六国饭店,马到成功"①。《大公报》的相关报道让我们对遇刺事件有了新的认识。张敬尧在北平秘密活动引起注意,最后竟毙命于六国饭店。此事亦引起东交民巷使馆区管理人员的高度戒备,当即"决饬巡捕局严查界内户口,将所有来历不明之华人一律驱逐,不准在界内逗留"②。事后,号称"军统第一杀手"的陈恭澍在其回忆录中详细记述了刺杀张敬尧的经过,与《大公报》的报道相当接近。③而郑庭笈先生在《张敬尧被打死在六国饭店的经过》一文,则详细回忆了国民党军事委员会华北区特务处负责人郑介民刺杀张敬尧的经过。郑介民化装成华侨资本家入住六国饭店,后开枪刺杀张敬尧的乃是其手下白式维,事后国民党机关报则称除掉张敬尧的乃锄奸救国团。④张氏之死的真相基本清楚了,六国饭店作为租界使馆区的高档饭店也卷入了当时的政治活动之中。

到抗战时期,伪满的政治活动也进入了六国饭店。1938年7月,伪满通商代表部将其办公场所设于六国饭店28号室内,自当月15日起正式开始办公,报北平特别市警察局备案。⑤

①《北平六国饭店凶杀案,汉奸张敬尧垂毙》,《大公报》1933年5月9日。
②《北平六国饭店凶杀案,汉奸张敬尧垂毙》,《大公报》1933年5月9日。
③陈恭澍:《北国锄奸》,档案出版社1988年版。
④中国人民政治协商会议文史资料研究委员会编:《文史资料选辑》第30辑,中华书局1962年版,第253—254页。
⑤北京市档案馆藏:《北平市警察局关于满洲帝国通商代表部暂设六国饭店办公的函》,1938年7月28日,档案号:J183-002-41213。

鉴于六国饭店在民国时期一直是重要的社交舞台与政治活动空间，因此新中国成立前夕很多政治活动也在这里展开。1948年4月30日，中共中央发布《纪念五一劳动节口号》，简称"五一号召"，号召"各民主党派、各人民团体、各社会贤达迅速召开政治协商会议，讨论并实现召集人民代表大会，成立民主联合政府"。"五一号召"当即得到了各民主党派、人民团体、海外华侨团体和无党派民主人士的热烈响应。① 很多民主人士在1948年底已进入华北解放区。1949年2月2日，中央电贺北平和平解放。② 在此背景下，更多民主人士及其家属在党组织的护送下来到北平，包括战时滞留香港的大批文人学者。接待与安排民主党派人员的任务落在了中央统战部身上，为此当时的北平军管会将北京饭店、六国饭店与翠明庄划归统战部管理。第一届政协大会全体代表的主要住所就是北京饭店与六国饭店。③ 而且，六国饭店还见证了新中国国号的诞生。1949年9月25日晚，参加政协会议的代表均收到了周恩来与林伯渠联名的请柬，邀请他们于次日参加在六国饭店的午宴，并商讨重要问题。这个重要问题就是国号。原来中央确定的国号是中华人民共和国，但后面有一个"简称中华民国"的括弧。在周致祥、司徒美堂、马寅初与沈钧儒等人的倡

---

① 任贵祥：《华侨与新中国的建立》，《中共党史研究》1994年第5期，第19—21页。
② 《中国共产党中央委员会电贺平津解放》，载北京市档案馆编：《北平和平解放前后》，北京出版社1988年版，第3—4页。
③ 沙里：《新政协召开前后琐忆》，《春秋》2013年第1期。

议与坚持下,简称被去掉,国号最终确定。①

由此可见,自六国饭店诞生直至新中国成立前夕,基本上政治及其相关的各类事件与内幕交易成为其显著的特色。清末与民国时期更因其位处租界的特殊区位,一方面成为国内政治势力活动的据点,另一方面也成为其与西方政客与商人接触的前台。

二、作为学术与文化活动空间的六国饭店

作为清末民国北京学界名流经常光顾的西餐厅,六国饭店还一度见证了中国敦煌学之诞生。现今学界普遍认为中国敦煌学发端于斯坦因与伯希和发现的敦煌经卷,与后者关系犹大。1909年伯希和的北京之行成为中国学界了解并着手研究敦煌学的重要契机。虽然敦煌经卷被伯希和等攫取,但中国学者"以德报怨",以较为宽广的胸怀对待此事,开拓出敦煌学国际合作与交流的新舞台。②伯希和1909年的北京之行,中国学界与其正式接触的地点就是在六国饭店。对此,清末日讲起居注官恽毓鼎在其日记中有详细介绍:(宣统元年己酉,八月二十一日)"酉刻赴六国饭店公宴法兰西人伯希和(字履中)",此后他详述伯希和攫取

---

① 余广人:《新中国建立时的国号之争》,《炎黄春秋》1995年第7期,第81页。
② 荣新江:《中国敦煌学研究与国际视野》,《历史研究》2005年第4期,第165-168页。

敦煌文书的经过以及中国官绅的不作为导致珍贵史籍外流，痛心疾首。中国学界最先由王书衡（王式通）、董受经（董康）等了解到伯希和携残本经卷来京的情况，"王书衡、董受经侦知之，乃介一美利坚人以见伯希和，因得假观，并用摄影法付印。……书衡、受经大集知名嗜古之士二十余人，宴伯希和以志奇遇。余亦与焉。伯习华语，专治中国学。席间纵论版本，辨析真赝，即在吾辈犹推博洽，况欧族耶？"[①]说明恽毓鼎虽然对文献外流颇感愤慨，但对伯希和的学问还是欣赏的。当时曾参加公宴的日人田中庆太郎对此事也有记录。他提到，席间恽毓鼎"站起来向伯希和氏举杯敬酒，对于热心求学的伯希和氏的天聪厚惠表示羡望。伯希和氏则谦逊答辞：自己是为了研究的目的，受国家派遣而来的；能获得宝物，那只是偶然的事情；现在搜集品虽然已归法国政府所有，但学问是共通的。因此，如有摄影誊写等方面的希望，一定答应。"[②]恰与恽氏的日记相印证。

关于伯希和此次北京之行与六国饭店的宴请，有学者指出具体的宴请日期是当年9月4日，出席者有学部侍郎宝熙、京师大学堂总监刘廷琛、经科监督柯劭忞、侍读学士恽毓鼎、学部参事官江翰、京师大学堂教习王仁俊、国

[①] 史晓风整理，恽毓鼎：《恽毓鼎澄斋日记》，浙江古籍出版社2004年版，第453—454页。

[②] 救堂生（田中庆太郎）「敦煌石室中の典籍」，「燕尘」，第2年第11号，总第23号，1909年11月1日，第13页。转引自王冀青：《清宣统元年（1909）北京学界公宴伯希和事件再探讨》，《敦煌学辑刊》2014年第2期，第133页。

子丞徐坊以及董康、蒋黻、吴寅臣等，罗振玉因病缺席。[①]对此，近来又有学者据恽毓鼎日记及新发现的恽毓鼎致沈增植书信，认为中国学界在六国饭店宴请伯希和的日期应为1909年10月4日，且参加人数为24人。[②]恽毓鼎于宴后给沈增植写信透露此事，并告知沈氏宴会过程中与伯希和商定由其设法将法藏敦煌文献全部拍摄成玻璃板照片，将底版寄回中国。[③]伯希和北京之行主要为法国远东学院购书，同时还在六国饭店举办敦煌写本展览。[④]很有可能就是这次展览惊动了中国学界耆宿，于是才有了宴请交流以及后续的研究出版，如《敦煌石室遗书》。因此，有学者甚至提出"从六国饭店起步的中国敦煌学"。[⑤]我们认为这一说法有一定道理，这也凸显了作为学术活动空间的六国饭店在当时的影响力。

伯希和之外，另一位到中国进行学术考察并在六国饭店参与学术活动的西方学者就是斯文赫定。斯文赫定早年因其中亚探险的经历而备受关注，后更因楼兰古城的发现而声名大噪。有瑞典学者称其是"第一位用现代科学方法

---

① 桑兵：《伯希和与近代中国学术界》，《历史研究》1997年第5期，第118页。

② 王冀青：《伯希和1909年北京之行相关日期辨正》，《敦煌学辑刊》2011年第4期。

③ 王冀青：《清宣统元年（1909）北京学界公宴伯希和事件再探讨》，《敦煌学辑刊》2014年第2期。

④ 季羡林主编：《敦煌学大辞典》附录《敦煌学纪年》，上海辞书出版社1998年版，第952页。

⑤ 雒青之：《百年敦煌》，上海三联书店2007年版，第90-96页。

第三章 北京城市史研究

从事有关中国研究的瑞典人"①。1926年,斯文赫定受德国汉莎飞机设计公司邀请,勘测前往中国的飞行路线,并由该公司支付其中亚考察的全部经费。这就促成了斯文赫定最后一次中国西北探险之旅。当年的11月初,北京有报纸即报道瑞典将组织飞机考古队,"飞行来华,游历新疆、蒙古等地",北京政府航空署"拟不日召集各厅科重要职员开会讨论,经资公决"。②1927年初,斯文赫定与北京政府交涉后,在地质调查所顾问安特生的引介下,与中国地质调查所所长翁文灏签署协议,准备由中瑞双方共同组建考察队。不料这一协定引起了一批中国学者的激烈反应,他们群起反对。北大研究所考古学会、清华研究院、北京图书馆等学术机构组建了"中国学术团体联合会",要求"根本反对此等事项"并在各大报刊发表公开宣言。③为此,斯文赫定不得不重新与中国学者谈判,商定考察事宜。在"中国学术团体联合会"举行三次联席会议之后,斯文赫定与安特生到北大邀请联合会的四位代表在六国饭店举行了第一次面对面的谈判,初步达成了合作意向。此后的谈判持续了40多天,直到当年4月26日在北大国学门双方写书最终协议,中国学者的诉求基本得到了满足。为此,有学

---

① [瑞典] 罗多弼著,高建平、李明译:《面向新世纪的瑞典中国研究》,张西平编《欧美汉学研究的历史与现状》,大象出版社2006年版,第381-382、389页。
② 《晨报》,1927年11月7日。
③ 李学通:《中瑞西北科学考察团组建中的争议》,《中国科技史料》2004年第2期,第96-97页。

者称这是"中国现代科学史上的第一个平等条约"。[①]而六国饭店则成为这一协定重要的见证者之一。

此外,被誉为"文化怪杰"的辜鸿铭,也曾在六国饭店留下身影。据称,"在近代西方,特别是20世纪前20余年间,论名头之响,声誉之隆,都没有一个中国学人可与辜鸿铭相提并论。"[②]正因其对西方的影响力,故而他曾在六国饭店用英文演讲"The Spirit of the Chinese People"(他自译《春秋大义》,又称《中国人的精神》或《原华》)。中国人演讲从来没有卖票的,他却卖票而且卖得很贵。当时听梅兰芳的戏最高票价不过1元2角,他的门票则售2元。[③]这些重要的学术活动与学术名人,无疑使得六国饭店成为当时中外学界交往的活动中心之一,其意义不可低估。

三、作为消费与娱乐空间的六国饭店

按照李欧梵的说法,受经济因素的决定,城市文化本身就是生产与消费过程的产物。[④]六国饭店作为高档饭店,

[①] 张九辰:《中国近代科学史上的第一个平等条约》,《百年潮》2004年第10期。

[②] 黄兴涛、宋小庆译,辜鸿铭著:《中国人的精神·译者前言》,海南出版社1996年版。

[③] 李泽平等编著:《民国野史大观》,江苏文艺出版社1996年版,第189页。

[④] 李欧梵:《上海摩登:一种新都市文化在中国(1930—1945)》,北京大学出版社2005年版,第7页。

在餐饮与娱乐等方面的特色更为突出。

从餐饮的角度看,六国饭店无疑引领着北京西餐的时尚。一般来说,通商口岸城市较早接触西式餐饮,上海自然领风气之先。据学者研究,上海自19世纪60～70年代出现了西餐馆,最初是由外国人经营。19世纪70年代,上海发行的《申报》上已经出现了多家西餐厅的广告。① 关于西餐,据民国初年徐珂的观察,"光绪朝,都会商埠已有之。至宣统时,尤为盛行……我国之设肆售西餐者,始于上海福州路之一品香"②。我们现在不能明确北京最早出现西餐厅是在何时。赵珩先生认为,西餐从欧洲传入中国至少有300多年的历史,从清宫所藏康熙年间置办的全套西餐餐具来看,当时的宫中已能操办十分正规的西餐。而西餐的传入基本来源于两个途径,一是明代中期以后的传教士,一是清代后来的外交使团与使馆。③ 后者可能与近代北京西餐的发展关系甚大。我们认为,民国北京西餐厅的前身应当就是清末所谓的"番菜馆",这在一些小说与报刊中有记载。清末著名的谴责小说《孽海花》中专门提及:"且说这东交民巷,原是各国使馆聚集之所,巷内洋房洋行最多,甚是热闹。这番菜馆,也就是使馆内厨夫开设,专为进出使馆的外国人预备的,也可饮食,也可住宿,本是很正当的旅

---

① 邹振环:《西餐引入与近代上海城市文化空间的开拓》,《史林》2007年第4期,第140页。
② 徐珂:《清稗类钞》(第13册),中华书局2010年版,第4972页。
③ 赵珩:《老饕续笔》,三联书店2013年版,第39页。

馆。"①可见，北京的"番菜"可能最早是由使馆区兴起，最后逐步扩散到全城。

六国饭店无疑属于最早开设的西餐馆之一。1903年的《大公报》就提到："近年北京人于西学西艺虽不只讲求，而染洋习者正复不少。"在饮食方面，"满清贵族群学时髦，相率奔走于六国饭店。"②这可能是当时最早去尝试西餐的一批食客。而在1906年，清末权倾一时的外务部尚书与步军统领那桐在其日记中就多次提到六国饭店。那桐自八国联军侵华期间充任留京办事大臣，逐渐受到重用，成为紫禁城里重要的决策者之一。因此，其交际圈广泛，也包括各国公使。那桐光绪二十八年（1902）年五月十四日晚与六月初二早分别在德昌饭店吃西餐，当年七月初六曾到英国使馆参加茶会，称"灯光极繁，男女杂处，甚奇观也。"③光绪三十二年（1906）年三月初二，"午刻巡警部约六国饭店"。当年九月初一，更是一日两次就餐于六国饭店："午刻赴六国饭店博恭王"，"戌初又赴六国饭店世中堂之约，亥正归"④此后几年，他几乎每年都在六国饭店有饭局，少则一两次，多则四五次。直到1911年的闰六月，辛亥起义

---

① 曾朴：《孽海花》，上海古籍出版社1981年版，第203页。
② 《大公报》1903年8月10日。
③ 北京市档案馆编：《那桐日记》（上册），新华出版社2006年版，第428、429、433页。
④ 北京市档案馆编：《那桐日记》（下册），新华出版社2006年版，第566、582页。

第三章 北京城市史研究

已经不远了,那桐还与末代状元张謇在六国饭店聚餐。①另一位在日记中多次提到六国饭店的清末官员是孙宝瑄。孙宝瑄(1874—1924),浙江钱塘人,其父孙诒经曾任光绪朝户部左侍郎,其兄孙宝琦先后任驻法、德公使,顺天府尹,民国时期还一度任北洋政府内阁总理。岳父李瀚章乃李鸿章之兄,曾任两广总督。孙氏出身世宦之家,本人在仕途上并未有显赫的功名,依靠父兄的余荫得以在工部、邮传部等衙门任职。孙氏本人在清末并不算出名的人物,但其留下的《忘山庐日记》却真实记述了清末部分士大夫的生活状况与当时的社会思潮,尤其在社会激烈动荡背景下士大夫们的思想变迁,是十分难得的史料。②巧合的是,孙氏日记中最早提到六国饭店也是在1906年,是年二月三十日,当晚与几位友人"偕至六国饭店宴饮,夜归"③。随后的闰四月十三日"与慕兄及子瑜同坐马车至六国饭店";五月六日"是晚饮于六国饭店";十月六日,"薄午,饭于六国饭店"。次年,即光绪三十三年(1907)十二月十八日,"在六国饭店啖西餐,烹饪之功,似逊于我,且寒天尤不宜,盖多生冷。"④孙宝瑄品尝完西餐之后还不忘对其加以评价,可见

---

① 北京市档案馆编:《那桐日记》(下册),新华出版社2006年版,第695页。

② 李侃:《清末士大夫思想演变的缩影——读〈忘山庐日记〉》,《历史研究》1984年第2期。

③ 孙宝瑄:《忘山庐日记》(下),上海古籍出版社1983年版,第840页。

④ 孙宝瑄:《忘山庐日记》(下),上海古籍出版社1983年版,第875、883、943、1130页。

体味颇深。溥仪也曾述及其第一次吃西餐的经历,选择的饭店正是六国饭店:"我在宫中时,习惯把西餐叫'洋饭'。固然在当时我也曾习闻其名,但没有能够尝到他真正滋味的机会。有一天,我终于下定'一尝异味'的决心,便叫太监到当时的六国饭店——现在的北京国际饭店去买"。结果,西餐的厨师与原料以及刀、叉、盆、碟之类悉数被带入宫中,最终以溥仪的"彻头彻尾不识货而告终"。① 据此可知,当时的西餐厅已成为社会上层士大夫重要的社交场合,也是其聚餐的首选之地。

据美国社会学家甘博的调查,1918—1919年间,餐馆已成为北京的社交与娱乐中心,经营西餐的饭馆开始增多,几年之前北京还找不到外国食品,当时则由东方饭店提供正式的正餐服务,同时一些西式餐厅与饭馆也开始提供西餐菜肴。② 这里面自然应当包括六国饭店。而到20世纪20年代,六国饭店无疑引领着北京饮食方式的新时尚。据胡朴安的描述:"向日请客,大都同风堂、会贤堂,皆中式菜馆。今则必六国饭店、德昌饭店、长安饭店,皆西式大餐矣","昔日喝酒,公推柳泉居之黄酒,今则非三星白兰地、啤酒不用矣。"③ 据朱家溍先生的说法,北京的西餐派系有英、法、俄、德。英法式第一流的三家即北京饭店、六国

---

① 溥仪:《我的前半生》,群众出版社2011年版,第148页。
② [美]西德尼·D·甘博著,陈愉秉等译:《北京的社会调查》,中国书店2010年版,第239-241页。
③ 胡朴安:《中华全国风俗志》(下册),河北人民出版社1986年版,第2页。

饭店、西绅总会，且这三家最地道，丝毫不迁就中国人的习惯。①可见，六国饭店以其独有的品牌效应，成为当时北京首选的西餐厅之一。

从娱乐的情况来看，饭店的娱乐活动主要体现在交际舞会等方面。通常认为，舞厅的出现是民初以后的产物。据法国学者安克强（Christian Henriot）的说法："中国的舞厅出现在第一次世界大战结束之后，它们与美国的舞厅其实是同时代的产物（只相差几年）"②。北京早期的舞会很多与各大使馆有关，上文提到那桐参加英国使馆的茶会所见即是舞会。1906年，他更是受邀参加英国使馆的舞会，当年9月23日的日记称"晚到英馆跳舞会之约，子刻归"③，回来已是半夜了。目前没有看到六国饭店早期举办舞会的记录。而到了20世纪20年代，受西方人影响，北京的舞会就渐趋活跃。据《晨报》1922年的一则报道："驻京籍外国人发起，将于本月二十五日在北京饭店开一跳舞会，与会之人必服华装，衣服之新旧及式样之时古，俱所不计，惟对于服装之巧妙者，予以特别奖金。"④故而当时有人评论到："近来中国跳舞之术流行，从前以上海为盛，迩来天

---

① 赵珩：《老饕漫笔：近五十年饮馔摭忆》，三联书店2012年版，序言。
② ［法］安克强著，袁燮铭等译：《上海妓女》，上海古籍出版社2004年版，第113页。
③ 北京市档案馆编：《那桐日记》（下册），新华出版社2006年版，第584页。
④ 《北京饭店将开化妆跳舞会》，《晨报》1922年2月9日。

津、北京时髦女子亦都趋之若鹜。"①

六国饭店因其接待西方人士较多，设立舞场就更加顺理成章。民国档案显示，这里成为上层社会举办舞会、婚礼的首选之地。国共内战期间的六国饭店仍一派歌舞升平的景象。1946年，北平市警察局批复六国饭店关于添设跳舞场的呈请。六国饭店经理"韩斯费乐"称："窃敝饭店自光复以来蒙当局尽先发还准予赓续营业，旋即将房间之大部供给军事委员会战地服务团充作盟军第一招待所之用，惟以盟方人士素有跳舞习惯，故每当公毕归来或晚餐甫罢，兴之所至辄欲起舞，因之时有要求敝饭店为之辟室设乐以作舞会之举者。"但考虑到抗战后百废待兴，"事业经营亦当注重简洁，摒华去奢"，故经考量后"择定一室供作定时舞会之用。其计划如下：一、以饭店之晚茶厅充作舞池；二、仅用乐师三人伴奏；三、绝不雇佣舞女；四、不售门券、台券；五、时间尽可能减短。晚舞每晚九时至十二时，茶舞每周三、周六、周日下午五时至七时"。呈请还一再解释开设舞场是"基于招待盟军及旅客而非单纯营业性质"。②这里的盟军战地服务团指的是日本偷袭珍珠港、太平洋战争爆发后，中美军事结盟，蒋介石命令由军事委员会战地服务团负责为在华美军人员服务。包括供应膳食、提供办公场所、训练译员以及举办文娱活动等。六国饭店被选中作为接待美军的场所。也正是在此基础上，六国饭

---

① 《唐宝潮夫人之跳舞谈》，《大公报》，1927年5月1日。
② 北京市档案馆藏：《北平市警察局关于六国饭店添设跳舞地场的训令》，1946年6月6日，档号J181-016-03138。

第三章 北京城市史研究

店向北平市政府与警察局申请长期举办茶舞与参舞。饭店声称"为充备本市之高尚娱乐计,该项跳舞实有长期举办之需要。"北平市警察局派员前往调查发现所呈情况基本属实。市长何思源与北京市警察局分别批复。档案还附上了"北平市警察局音乐厅临时申请表"与"北平市警察局特种营业许可执照"。① 至此,其舞厅才算是有了合法身份。

长期开办舞会在战后的北平还是颇为少见的,故而引发各方关注。档案显示,抗战结束之后,北平警察机构对旅馆饭店的治安检查颇多,对六国饭店的例行检查还惊动了英国驻北京领事馆。为此,英国领事馆1947年10月2日还专门致函北京市长何思源,"请勿再派警在六国饭店施行挨房检查"。此事的起因是六国饭店经理于9月27日晚"召开非营业性跳舞会致被警察人员干涉事件",此事经交涉后很快解决。但何思源对挨房检查的答复则称"检查旅馆饭店为本市维持治安之一种普遍措施,亦即所以对旅客尽其保护责任。惟执行职务人员之言语态度须加注意。"② 由此可见,六国饭店的治安检查很可能与其舞会有关。

除常规舞会之外,六国饭店还陆续举办了复活节与狂欢节的舞会,可谓引领舞蹈风潮。在内战方酣的时刻,北平城内的部分上层人士却是夜夜笙歌。1947年3月,六国饭店再次向北平市警察局申请举办复活节舞会:"呈为请求

---

① 北京市档案馆藏:《北平市警察局关于六国饭店长期申请举办餐舞茶舞照准的训令》,1947年4月11日,档号J181-016-03455。
② 北京市档案馆藏:《北平市警察局关于准英驻平领事请勿再派警在六国饭店检查的训令》,1947年10月18日,档号J181-016-03441。

准予举行复活节舞会事,兹以敝饭店拟于四月五日(复活节)举行晚舞会(八时至十一时半)一次,招待客人以资联欢,理合先期呈报,敬希照准"①。1948年2月6日,在西方的狂欢节前夕,六国饭店呈报"狂欢节当日各国侨民假本店礼堂举行餐聚庆祝并舞蹈助兴。本店不售门券,亦无任何费用,纯系私人联欢性质。时间自十九时至二十三时止,请准予备案"。北平市警察局内七分局局长批复:"查二月十日确系西俗之谢玉节(狂欢节),所请既非营业性质,尚不为法令所禁。"最后呈报北平市警察局局长汤永咸,批复"拟准举行"。②

六国饭店的婚礼,一般在仪式之后还有舞会。1947年就曾两次举办婚礼及舞会。当年3月28日,陈奉南之次子陈乃和与萧树芳在六国饭店举行婚礼,拟于宴后举行家庭舞会以娱来宾,为此陈奉南专门报请发给家庭舞会执照。③ 4月8日,林化龙在六国饭店举办婚礼,同时于当晚8时至10时半举办舞会,警察局批准。④除了西方人士的娱乐,北平上流社会将在此举办宴会与舞会作为一种社会交际,也是其身份与地位的象征。

---

① 北京市档案馆藏:《六国饭店举行复活节舞会函》,1947年3月25日,档号J181-016-03452。

② 北京市档案馆藏:《北平市警察局内七分局关于六国饭店举行西俗谢玉节(狂欢节)庆祝晚会的呈》,1948年2月8日,档号J181-016-00431。

③ 北京市档案馆藏:《陈奉南报为子完婚拟举行家庭舞会》,1947年3月28日,档号J181-016-03455。

④ 北京市档案馆藏:《六国饭店关于申请林化龙于本月八日在本店举行婚礼及舞会的呈》,1947年4月4日,档号J181-016-03457。

其实，在抗战胜利后，国民政府对社会娱乐的管控是在加强的。1947年10月国民政府曾颁布禁舞令，理由是前方在打仗，后方却歌舞升平，影响战士的士气。上海因舞女众多，影响其生计，在1948年还发生了轰动一时的舞潮案。[①]据马军的研究，上海的舞厅业长时间处于"两界三方"（即公共租界、法租界、华界）公管。这种权力格局使得三方彼此掣肘、协调，对上海的市政建设、城市生活都发生着巨大影响。而舞厅业在当时中西文化冲突与习俗歧异的背景下，自然成为整个社会关注的焦点与市政管理的难题。[②]这其实与六国饭店舞厅有类似之处。档案材料让我们观察到抗战结束之后国内城市生活中的一个不为人注意的侧面。

四、余论：关于城市公共空间

关于城市公共空间的研究，海外学界一度将其引入"公共领域"与"市民社会"的讨论之中。这其中以美国学者罗威廉（William T. Rowe）对汉口的研究与玛丽·兰金（Mary Backus Rankin）对江浙知识精英及其行为主义的研究最具代表性。而戴维·斯特兰德（David Strand）对北京人力车夫的研究，也是很好的例子。他列举了前工业

[①] 参见马军：《1948年：上海舞潮案——对一起民国女性集体暴力抗议事件的研究》，上海古籍出版社2005年版。
[②] 马军、白华山：《两界三方管理下的上海舞厅业——以1927—1943年为主要时段的考察》，《社会科学》2007年第8期。

城市中公共活动的各种形式，包括市场营销、看戏、烧香拜庙、茶馆与酒楼的社交活动。他认为北京的行会、同乡会与庙宇亭台中出现了哈贝马斯所言之"公共领域"的类似物，但与西方不同。西方国家与社会对立。因此，他认为民国北京存在某种有限的、"软性的"公共领域。① 针对学者批评中国史研究者套用哈贝马斯"公共领域"与"市民社会"概念的现象，王笛在研究成都街头文化的著作中提出其研究的重点是公共空间（publicspace）与公共生活（publiclife），因为哈贝马斯主要针对的是社会与政治空间，王氏则要讨论实实在在的物质空间，研究在这一空间中下层民众的日常生活，以及这种日常生活如何与地方政治联系在一起。其实，他要解决的问题仍然是物质的公共空间如何演变为社会与政治空间，只不过是从下层民众的角度切入。② 这种思路对笔者有所启发，尤其王氏后续的研究将成都茶馆与当时的社会、经济、政治环境结合起来的做法，诸如茶馆与娱乐活动、茶馆与日常生活中的冲突、茶馆与革命及动乱等问题，值得肯定。③ 斯特兰德与王笛的研究都关注下层民众，但他们对于"公共领域"或公共空间的影响仍然有限。

---

① ［美］魏斐德：《市民社会和公共领域问题的论争——西方人对当代中国政治文化的思考》，载黄宗智主编：《中国研究的范式问题讨论》，社会科学文献出版社2003年版，第141—165页。
② 王笛：《街头文化：成都公共空间、下层民众与地方政治（1870—1930）》，中国人民大学出版社2006年版。
③ 王笛：《茶馆：成都的公共生活与微观世界（1900—1950）》，社会科学文献出版社2010年版。

另一位讨论北京公共空间的学者是史明正。他主要"通过对北京私人和皇家园林及庙宇转变为公园之进程"加以研究,揭示出帝王领域的收缩与公共领域的发展,在许多方面甚至可以说北京的空间变迁是一场革命运动。[1]这固然是一种观察角度。但类似六国饭店这样本身就处于公共租界内的公共空间,同样值得我们注意。而且他对北京"走向近代化"历程的研究,主要涉及的是城市基础设施领域,诸如城市道路与规划、排污与供水系统、电灯与交通等问题,未涉及社会生活方式与习俗变迁。而笔者认为,北京长期作为帝都,在近代化过程中有着更为复杂的社会面向。如果说上海的"摩登生活"是开埠口岸的典型特征,那么以六国饭店为代表的帝都西洋生活方式在近代以来的北京政治社会生活中又扮演着怎样的角色?北京的上层文化与政治空间即使在使馆区,也与上海有着明显不同。前者与政治关联更为紧密。其次,我们津津乐道的老北京文化似乎都是以平民文化为底色的。这种"讲述老北京"的方式大家都耳熟能详。但老北京文化中的西方文化元素恐怕也有待挖掘,西洋风格在当时成为中上阶层追捧的对象,自然也是当时社会文化生活的一部分,值得深入研究。

---

[1] 史明正:《走向近代化的北京城——城市建设与社会变革》,北京大学出版社1995年版,第130-162页。

附录

附录一　新型城镇化与历史文化景区的整体保护

——以北京三山五园地区为例[*]

一、三山五园历史文化景区的保护与规划

三山五园包括香山静宜园、玉泉山静明园、万寿山颐和园、畅春园和圆明园。三山五园历史文化景区，肇始于辽金，发展于元明，至清代臻至全盛。现存文物点100多处，其中世界文化遗产1处，全国重点文物保护单位9处，市级文物保护单位9处。三山五园作为清代皇家园林的代表，早已引起了学术界的关注，相关研究成果丰硕。

根据2002年9月编制的《北京历史文化名城保护规划》，在旧城第一批25片历史文化保护区的基础上确定了北京第二批历史文化保护区，其中在旧城外确定了10片历史文化保护区：海淀区西郊清代皇家园林、丰台区卢沟桥宛平城、石景山区模式口、门头沟区三家店、川底下村、延庆县岔道城、榆林堡、密云区古北口老城、遥桥峪和小

---

[*] 本文原收入张宝秀主编：《北京学研究2014》，中国社会科学出版社2015年版，第169—178页。

口城堡、顺义区焦庄户。保护规划明确指出：北京"西郊清代皇家园林历史文化保护区位于海淀区，包括颐和园、圆明园、香山静宜园、玉泉山静明园等，即清代的三山五园地区。"[1]可见，三山五园历史文化景区早已纳入政府统筹规划保护的范围。

2012年7月，北京市第十一次党代会报告中，把推动海淀三山五园历史文化景区建设列为北京历史文化名城保护建设的重要组成部分，海淀区也已明确提出将三山五园整体系统开发、依托"三山五园"打造全新世界文化名片的战略构想。最近，在北京市刚刚编制完成的全国首个省级文创产业空间布局规划《北京市文化创意产业功能区建设规划（2014—2020）》中，首次明确提出了全市文创产业错位发展的空间格局。该规划提出，构建"一核、一带、两轴、多中心"的空间格局和"两条主线带动、七大板块支撑"的产业支撑体系。这一规划明确提出在北京市建设20个文化创意产业中心，其中对三山五园地区的最新定位是"历史文化和生态旅游功能区"，要求以三山五园历史文化景区、西山八大处文化景区、周口店北京人遗址、云居寺文化景区等重点项目为载体，整合开发文化休闲娱乐等城市新型功能拓展区，以文化旅游休闲产业带动生态保护和传统农业转型升级。[2]可见，政府各级决策部门已形成了

---

[1] 北京市规划委员会编：《北京旧城25片历史文化保护区保护规划》，北京燕山出版社2002年版，第32页。

[2] 《本市将建20个文创功能区》，北京日报2014年4月23日报道，相关网址参见：http://bjrb.bjd.com.cn/html/2014-04/23/content_172558.htm。

共识，应当将三山五园景区整体打包规划开发，使其历史文化资源在全面调查的基础上得到充分的发掘与合理利用。

从规划与保护的角度来看，三山五园是一个历史概念，其兴起与发展得益于西山以东历史上形成的层峦叠嶂、湖泊罗列、泉水充沛、稻田散布的山水景观，到乾隆时期达到鼎盛规模。就其实际范围来讲，包括了以皇家园林为主体，大量私家园林、水系、聚落、建筑等为组成部分的整体生态体系。因此，在三山五园的保护规划中，我们应当将其作为一个有着内在发展脉络的生态系统来看待。有学者提出，三山五园地区由核心区的皇家园林和园林之间的外围环境构成。核心皇家园林应包括颐和园、圆明园等5个独立园林，这是第一层次；外围环境应该包括皇家赐园、宦官园林、办公衙署、八旗营房等人文环境以及紫衫山体、泉源河流、林地植被、稻田村落等自然景观，为另外两个层次。以此为据，则三山五园地区往北应该到达清河，范围包括跨清河扎营的守护圆明园的八旗村落与清河两岸的稻田区，以正黄旗、镶黄旗、正白旗为界；东面除包括圆明园全部外，还应包括历史上曾纳入圆明园管理的皇家赐园与宦官园林；向南包括正蓝旗、镶蓝旗以及火器营，以及广泛分布于巴沟低地的水田；往西包括驻扎在香山行宫周围的香山健锐营、团城演武厅。[①]笔者基本认可这一说法。由此可知，在三山五园的整体保护规划中，与园林相邻的近郊区尤其值得关注，这是连接园林与郊区的中间地带，

[①] 刘剑等：《北京西郊清代皇家园林历史文化保护区保护与控制范围界定探析》，《中国园林》2009年第9期。

也是城市管理的薄弱环节所在。

《国家新型城镇化规划（2014—2020）》在介绍当前城镇化发展现状时，有针对性地指出："自然历史文化遗产保护不力，城乡建设缺乏特色。一些城市景观结构与所处区域的自然地理特征不协调，部分城市贪大求洋、照搬照抄，脱离实际建设国际大都市，'建设性'破坏不断蔓延，城市的自然和文化个性被破坏"。这可谓是对我们推进新型城镇化的忠告。在新型城镇化的过程中，如何将原有自然景观与历史文化遗产保护加以有机结合，正是当前各级决策部门与学术界需要解决的问题。三山五园因其独特的历史遗产与自然生态资源，成为北京乃至世界重要的文化旅游中心，尤其需要通盘考虑其文化内涵与生态系统，使新型城镇化建设与区域文化遗产保护并行不悖，从而使历史文化景区建设体现其应有的水平与特色。本文将以三山五园周边村落个案与清代驻防遗存为例，探讨新型城镇化背景下三山五园历史文化景区的保护与规划问题。

二、城镇化进程中的历史文化景区保护：以六郎庄为例

三山五园周边的村落是这一历史文化景区的重要组成部分，在城镇化过程中尤其需要整体保护、合理规划。其村落主要集中在三处。其一位于香山地区，包括香山公园至北京植物园中间的区域与北京植物园以东区域两块。这

里的村庄多与清代八旗驻防有关,代表性的如香山正黄旗村、厢黄旗村以及四王府地区的正蓝旗村、正白旗村等;其二集中在颐和园园墙东西两侧地区,诸如北坞村、后窑村、六郎庄等;其三位于颐和园与圆明园之间,村庄多数都出现在园林建成之后,随着园林的兴盛而逐步发展起来,如大有庄、挂甲屯等。

六郎庄作为明代以前就出现的农村聚落,其发展历程基本见证了三山五园地区生态环境变迁的全过程。据侯仁之先生考证,六郎庄在明代叫作牛栏庄,后来文人因觉其不雅,不能入诗便擅自改作柳浪庄。到清初出于排满的需要,柳浪庄又与挂甲屯(原名华家屯)、百望山等地名一起由杨家将故事加以改造,于是得名六郎庄。①

查阅文献,明初即有关于"牛栏庄"的记载。永乐四年八月癸卯,北京行部言:"宛平、昌平二县,西湖景东,牛栏庄及青龙、华家、瓮山三闸,水冲决堤岸百六十丈。命发军民修治"②,这里提到的水利工程即元代的白浮堰。西湖景,又称西湖、瓮山泊,其地相当于清代改建后的颐和园昆明湖,奏疏里的"牛栏庄"位于西湖景以东,正是今天的六郎庄所在地,其形成年代自然在永乐四年(1406)之前。据此我们可以初步推断:牛栏庄位于闸旁,是明初即存在的村落。牛栏庄是明初在巴沟低地中出现的村庄,

---

① 侯仁之:《海淀附近地区的开发过程与地名演变》,收入其著《北京城的生命印记》,三联书店2009年版,第386页。
② 赵其昌主编:《明实录北京史料》(第一册),北京古籍出版社1995年版,第218页。

位于海淀镇的西北部。嘉靖年间张爵《京师五城坊巷胡同集》中也提到了牛栏庄。该书《西城·北中路》提到了牛栏庄与南海店，南海店又作"南海淀"，是明代的湖泊，后来转化为聚落。①万历年间沈榜的《宛署杂记》也有如下记载："县之西北，出西直门一里曰高郎桥（高梁桥），又物理曰篱笆房，曰苇狐村（明代又作畏吾村，即今魏公村），又二十里曰鞑子营，又十里曰北海店（明代又作北海淀，今北京大学一带），其旁曰小南村、曰八沟村（巴沟村）、曰牛栏庄、曰中务村（中坞村）、曰北务村（北坞村）……"（括号中是今名）。从这里可以看出，牛栏庄这个名称具有民众约定俗成的色彩，从周围的篱笆房、八沟、海淀等名称所显示的地理环境来看，可能是村落形成早期人们在此喂养耕牛的反映。

关于清初的改名，岳升阳先生认为这可能与当时的社会变动有关，也可能只是受民间戏曲艺术的影响。今人为了对当地进行开发，将"万泉"与"柳浪"结合，遂有了万柳的地名。②文献中，六郎庄之名最早见于清康熙五十一年十一月四日的（1712年12月11日）奏折。当日由内务府总管赫奕、署内务府总管马齐，根据江宁织造曹寅家人陈佐的呈文，奏报了曹家修建西花园工程所用的银两，文称"六郎庄真武庙，配殿六间，和尚住房八间，用

---

① 侯仁之：《北京海淀附近的地形、水道与聚落》，收入其著《北京城的生命印记》，三联书店2009年版，第121页。
② 岳升阳等著：《海淀文史——海淀古镇环境变迁》，开明出版社2009年版，第137页。

银一千四百三十五两二钱;在六郎庄修造园户驻防三十间,用银一千两"①。这是目前见到六郎庄一名最早的文献,可以据此推测六郎庄的得名应当在清初,至迟在康熙五十一年之前。而这段文献也揭示了曹雪芹家族曾在六郎庄修建真武庙与园户住宅的史实,进一步丰富了六郎庄的历史文化内涵。

其实,清代的六郎庄处在御园、行宫的环绕之中,村民多以种植御稻厂的田地为生,也有在园中当差者,同属于为园林服务的村落。而六郎庄种植的御稻就是后来有名的"京西稻"。据学者考证,北京早在汉代即已开始种植水稻,金元时期北京的稻田种植已颇具规模,明清时期由于泉水灌溉,海淀地区的水稻更是产量可观,质量上乘。②由于康熙帝的重视,"京西稻"首先在京西玉泉山一带试种,获得成功之后很快被大面积推广,成为皇家御贡稻米。③因此,清代瓮山泊与六郎庄一带稻田密布,史称"西湖堤东,稻畦千顷",钦定圆明园四十景中即有"多稼如云"一景,乾隆曾赋诗称"稼穑艰难尚克知,黍高稻下入畴谘。弄田常有仓箱庆,四海如兹念在兹"④。可见帝王的提倡引导,加之本地独特的地理环境,使得稻田成为六郎庄独特的自然景观。据史料记载,1929 年京西稻种植面积有 700 多亩,改革开放以后的 1983 年一度达到 6000 多亩,进入 20 世纪

---

① 故宫博物院档案部编:《关于江宁织造曹家档案史料》,《内务府奏曹寅家人呈报修建西花园工程用银摺》,中华书局 1975 年版,第 106 页。
② 杜鹏志:《北京湿地的变迁》,《北京农学院学报》2010 年第 4 期。
③ 冯伯群:《康熙培育了京西稻》,《北京档案》2005 年第 5 期。
④ 于敏中等纂:《日下旧闻考》,卷八十二《圆明园三》、卷八十四《清漪园》,北京古籍出版社 2001 年版,第 1363 页、第 1408 页。

90年代则持续减少,逐步退出历史舞台。①京西稻的发展与变迁其实反映了六郎庄村落的演变历程,海淀区大量的京西稻种植,使这一地区充满了南国水乡的特色,形成了独特的稻作景区。因此,多年前即有学者呼吁恢复这一地区的稻作景区,使京西绿化带建设与传统景观保护有机结合。②

然而,近年来随着城市化进程的加速,不仅京西稻不复存在,六郎庄也因靠近中关村科技园区而成为大量外来人口的聚居点。六郎庄目前隶属于海淀乡,东至海淀公园西路,西至颐和园东路,南至北四环西路,北至新建宫门路。据一份内部汇报材料,截至2009年,六郎庄村户籍数2751户、4573人。其中非农业户口1739户、2631人。农业户口1012户、1942人,人户分离人口963人。其中农业劳动力人口1129人,农业退休人员482人,未参加工作农民331人。自20世纪90年代初北京实施城市绿化隔离带建设以来,六郎庄失地农户与下岗人员增多,其集体经济的来源主要靠土地和房屋的出租。2008年全年完成总收入747万元、纯收入347万元、利润20万元,人均所得14285元。这也造成了外来人口的大量涌入与社会治安的众多问题。故而该汇报材料开篇即称"六郎庄稳,则海淀乡稳"③。可见其对于海淀社会治安稳定的重要性。另据媒体报

---

① 杜鹏志:《北京湿地的变迁》,《北京农学院学报》2010年第4期。
② 岳升阳:《京西绿化带建设与传统景观保护》,《北京规划建设》2000年第5期。
③ 六郎庄村党支部:《关于海淀乡六郎庄村有关情况的汇报》,2009年10月16日(内部资料)。

道，在2011年拆迁之前，六郎庄涌入了近5万外来人口，这里的"瓦片经济"十分发达，出现了大量私搭乱建的违章建筑，社会治安混乱，环境污染严重。因此，六郎庄被列为北京市50个挂账整治督办的重点村之一。[①]从2010年开始，六郎庄启动整体拆迁，按照"出村不出乡"的原则，六郎庄村整体搬迁至海淀乡的后营北村。笔者与学生在2013年底与2014年3月的调研过程中发现，六郎庄目前基本拆除完毕，村内仅存的一座庙宇也只剩屋架与房梁，有几户外来打工者还占据着村内几间小平房。

虽然有学者提出在六郎庄恢复传统古村落的历史景观，但六郎庄改造最终采纳的方案却是整体拆除后搬迁，这无疑对村落原有的历史文化遗存是一种极大的破坏，不利于其历史文化景观的整体保护。从明代的牛栏庄到清代的稻作区，六郎庄自清代即定格为皇家园林的缓冲区，也是其生态涵养区。在这一地区恢复京西稻做文化景观，同时将其民间文化的内涵发掘出来，应当是今后可以努力的方向。据查证，这一地区的民间文化十分活跃，清代即建有娘娘庙以及茶棚（由前往妙峰山进香的香客所建）、建于康熙年间的真武庙（可能与曹雪芹家族有关），还有起源于六郎庄村，集历史传说、武术套路、民俗民风为一体的历史文化遗产——六郎庄五虎童子棍会（创建于光绪年间，有慈禧太后赏赐的半分銮驾）等，五虎棍会还在2009年入选北京市第三批非物质文化遗产项目，这些均是可以发掘利用的

[①]《告别六郎庄，坚守北京城》，《中国商报》2011年7月26日，第10版。

历史文化资源。可以在城镇化推行的过程中予以合理考虑，使生态景观与历史文化遗产保护相结合，打造三山五园地区的特色文化景观。

三、城镇化与村落文化遗存：以香山地区碉楼为例

香山地区是三山五园又一处传统村落集中的地区。尤其乾隆年间香山健锐营的设置，使得大量八旗驻防聚落相继兴起。有清一代，香山健锐营与圆明园护军营、蓝靛厂外火器营并称"京旗外三营"。

健锐营曾是清朝八旗驻军的重要组成部分，曾建有大量碉楼。据统计，北京香山的碉楼共有60多座。《日下旧闻考》对碉楼数量的记载，本身也有不同的说法。一说"八旗印房四隅皆有碉楼一座，乾隆十四年建。合之东四旗、西四旗各营碉楼，共计六十有七。"①又另有具体介绍碉楼分布的文字："静宜园东四旗健锐云梯营房之制，镶黄旗在佟峪村西，碉楼九座；正白旗在公车府西，碉楼九座；镶白旗在小府西，碉楼七座；正蓝旗在道公府西，碉楼七座；静宜园西四旗健锐云梯营房之制，正黄旗在永安村西，碉楼九座；正红旗在梵香寺东，碉楼七座；镶红旗在宝相

---

① 于敏中等纂：《日下旧闻考》，卷一百二《郊坰》，北京古籍出版社2001年版，第1689页。

寺南，碉楼七座；镶蓝旗在镶红旗南，碉楼七座。"①以上碉楼共计 62 座，加上四隅碉楼各一座，共计 66 座。查《大清会典事例》，则称碉楼数为 68 座："左翼见四层碉楼十四座，三层碉楼十八座；右翼建五层碉楼二座，四层碉楼十座，三层碉楼二十四座"②。这一记载与光绪《顺天府志》记载相吻合，后者采纳了这一说法。③对比几种说法，66 座或 67 座的说法可能将右翼碉楼数量漏载，即印房的 4 座以及正黄旗 2 座。据此，则香山碉楼数量当为 68 座。

笔者在香山地区调研旗人聚落的过程中，对其现存碉楼做了初步考察，很多处于村落的边缘地带，有的破损严重。在访谈中有当地老人告知，碉楼有死与活之称，民间更是有所谓"七死八活"的说法。④"活碉楼"是指可以从内部楼梯爬到顶部的碉楼，"死碉楼"则是指内部砌成实心只能借助外部云梯攀爬的碉楼，当地的碉楼主要以"死碉楼"为主，是为了训练而建造的。而且，碉楼还有藏式与羌式的区别，藏式碉楼顶部平整，羌式则将顶端一层建成半座建筑。健锐营现存碉楼共计 7 座，据学者的具体调查情况不容乐观（参见表 5）。

---

① 于敏中等纂：《日下旧闻考》，卷一百一《郊坰》、卷一百二《郊坰》，北京古籍出版社 2001 年版，第 1677 页、第 1689 页。
② 《钦定大清会典事例·工部·营房》（嘉庆朝），台湾文海出版社 1992 年版，第 213 页。
③ 光绪《顺天府志·京师志八·兵制》，北京古籍出版社 2001 年版，第 244 页。
④ 2014 年 3 月 15 日香山北正黄旗村那氏访谈。

附 录

表5 香山地区现存碉楼调查情况表[①]

旗属	位置	底宽	高度	样式	备注
八旗印房	香山正黄旗	二层底边长3.86米	二三层距2.4米；三层高2.4米	藏式	底层有土堆无法测量底边
八旗印房	香山正黄旗	二层底边长3.8米	二层高2.5米；三层高2.2米	藏式	下层建有建筑
正红旗	炮司内	底边长6.3米	一层高3.2米，二层2.8米	羌式	死碉楼
镶蓝旗	无梁殿侧	不详	不详	藏式	半座、死碉楼
正白旗	王锡彤墓前	底宽6.4米，二层宽6.02米	一层高3.6米，两窗间距2.8米	藏式	死碉楼
正白旗	梁启超墓前	底边宽5.4米，二层宽5.1米	一层高2.5米，二层高1.9米	羌式	死碉楼
正蓝旗	镶蓝旗汽车站西	不详	不详	羌式	活碉楼

---

① 转引自樊志斌：《乾隆年间健锐营考——以西山碉楼为中心》，收入海淀区人民政府香山街道办事处编：《香山：寺庙与旗营》，北京出版社2010年版，第209—210页。

这些为数不多的碉楼遗存，是清代八旗驻防与旗人文化的重要载体，也是清代重要的军事聚落遗存。以往在城镇化与城中村改造过程中，对碉楼的保护重视不够，大量住宅建设用地将其包围，不利于对其整体保护与利用。对这硕果仅存的几座碉楼，笔者认为应当合理保护规划，使之与旅游文化资源的开发相结合。希望在今后的规划过程中，能够给其留下一席之地，使其成为香山独特的历史文化景观。

四、余论：新型城镇化与历史文化生态保护

近年来，随着城市化建设的加速推进，园林周边建设用地面积大增，对三山五园历史文化保护区形成合围之势。自然环境破坏严重，许多承载历史信息的物质载体逐渐消失，保护区周边的缓冲空间急剧压缩。三山五园作为北京西郊皇家园林保护区，不应仅仅局限于对园林本身的保护与利用，而是应当考虑将其周边的生态景观与历史文化遗产资源重新加以发掘、整合，使之真正成为一张城市生态文化名片，为首都的生态文明建设做出应有的贡献。

本文谈到的六郎庄与香山碉楼，都是三山五园周边地带值得认真发掘、合理保护的对象。我们应当吸取以往城市改造的教训，首先注重环境的维护如水源、借景、生态系统的保障等；其次尤其应注意传承和延续历史文脉，通过保护其历史文化遗产（物质文化遗产与非物质文化遗产）

来打造文化景区的特色景观。在此基础上，以三山五园为代表的皇家园林才能在城市发展中实现自身服务功能的创造性转化，为现代生活服务，为城市发展服务，最终实现向城市文化、景观、生态核心的功能转化与加强。这也是新型城镇化背景下，历史文化景区保护的必由之路。

附录二 传统村落中的非物质文化遗产保护机制问题初探*

传统村落传承着中华民族的历史记忆、生产生活智慧、文化艺术结晶和民族地域特色,维系着中华文明的根,寄托着中华各族儿女的乡愁,在人类文化遗产体系中具有举足轻重的地位。然而,传统村落作为中国文化传承的重要载体,其发展与保护现状不容乐观。据学者统计,2000年我国自然村总数为363万个,而仅仅10年之后的2010年,村落总数锐减为271万,10年减少90万个自然村。[①] 基于此,2012年4月由国家四部局——住房与城乡建设部、文化部、国家文物局、财政部联合启动了中国传统村落调查,力图摸清传统村落的家底,实现其整体保护与规划。半年之后,经过各省政府及相关部门的初步摸底排查,认为我国现存具有传统性质的村落约1.2万个。四部局随即成立由建筑学、民俗学、历史学、艺术学、文化遗产学、社会学、人类学等学科专家组成的专家委员会,设立《中国传

---

* 本文曾以《厘清传统村落的非遗保护理念》为题发表于《中国社会科学报·文化产业版》2015年8月19日,第8版。本文在上述论文的基础上有所修改。

① 冯骥才:《传统村落的困境与出路——兼谈传统村落是另一类文化遗产》,《民间文化论坛》2013年第1期。

统村落名录》，进入名录的传统村落将成为国家保护的重点，国家给予相应的财政补贴。2012年至今四部局已先后公布了三批共计2555个传统村落，其中327个村落列入2014年国家财政支持范围。

笔者作为住建部村镇司中国传统村落保护与发展中心兼职工作人员，参与了传统村落的评审与现场核查等工作。在评审过程中，我们发现很多传统村落申报材料中的非物质文化遗产一项内容多数均付之阙如，不利于村落文化遗产的传承与发展，且与实际情形不符。

一、传统村落中的非物质文化遗产应如何界定？

根据学者的定义："所谓非物质文化遗产，就是指人类在历史上创造，并以活态形式传承至今的，具有重要历史价值、艺术价值、文化价值、科学价值与社会价值，足以代表一方文化，并为当地社会所认可的，具有普世价值的知识类、技术类与技能类传统文化事项。"[1]这一定义告诉我们，首先非遗强调"活态传承"，也就是从传承主体来看，非遗项目必须以杰出传承人为依托，没有杰出传承人者不能认定为非遗。因此，非物质文化遗产最大的特点是依托人的有意识的选择与学习而存在，是民族个性、民族审美习惯"活"的显现，往往是以声音、形象和技艺等为表现

---

[1] 苑利、顾军：《非物质文化遗产学》，高等教育出版社2009年版，第12页。

手段，以口传心授为延续方式，是完全的"活态文化"。其次，非物质文化遗产的本质特征还在于其"非物质"性。说到底，非遗是文化事项，不是工具、实物、制成品，不是物质文化遗产，所以他背后强调的还是文化传承的问题。据此，我们对非物质文化遗产的保护与利用，关注的核心应该是其保护与传承的机制。

如何认定传统村落？传统村落的价值是多元的，在城镇化背景下村落遗产的迅速消失引起了中央的关注。2012年温家宝总理在中央文史馆成立60周年座谈会上提出"古村落的保护就是工业化、城镇化过程中对于物质遗产、非物质遗产以及传统文化的保护"。为贯彻这一讲话精神，四部局随后下发开展传统村落调查的通知。通知中对传统村落有如下界定："传统村落是指村落形成较早，拥有较丰富的传统资源，具有一定历史、文化、科学、艺术、社会、经济价值，应予以保护的村落。"确定为传统村落需具备以下几个条件：

（一）传统建筑风貌完整。历史建筑、乡土建筑、文物古迹等建筑集中连片分布或总量超过村庄建筑总量的1/3，较完整体现一定历史时期的传统风貌。

（二）选址和格局保持传统特色。村落选址具有传统特色和地方代表性，利用自然环境条件，与维系生产生活密切相关，反映特定历史文化背景。村落格局鲜明体现有代表性的传统文化，鲜明体现有代表性的传统生产和生活方式，且村落整体格局保存良好。

（三）非物质文化遗产活态传承。该传统村落中拥有较为丰富的非物质文化遗产资源,民族或地域特色鲜明,或拥有省级以上非物质文化遗产代表性项目,传承形式良好,至今仍以活态延续。①

从上述定义我们可以知道,传统村落本身就是一种特殊的文化遗产。首先,它兼有物质文化遗产与非物质文化遗产,且两类遗产在村落内互相融合,互相依存,是一个独特的整体;其次,传统村落的建筑属于乡土建筑,并非古建筑,因有人居住和生活而必须修缮与更新,其历史是活态与立体的;第三,传统村落并非"文保单位",而是生产与生活基地,是农村社区。因此,它面临着改善与发展,也关系着村落人民生活质量的提高,在保护的同时也要发展。②

在明确了非物质文化遗产与传统村落的定义及内涵的基础上,我们可以尝试对传统村落中的非物质文化遗产做出初步的界定。从全国非遗保护的现状来看,截至2014年国家已陆续公布了四批国家级非遗名录共计1517项。我们注意到,当第四批国家级非遗项目公布时其名称做了相应调整,即将原来的"国家级非物质文化遗产名录"改为"国家级非物质文化遗产代表性项目",这一说法的依据来自《中华人民共和国非物质文化遗产法》。据该法第十八条的表述:"国务院建立国家级非物质文化遗产代表性项目

---

① 《住房与城乡建设部、文化部、国家文物局、财政部关于开展传统村落调查的通知》,2012年4月,http://www.gov.cn/zwgk/2012-04/24/content_2121340.htm?t=1427632155013。

② 冯骥才:《传统村落的困境与出路——兼谈传统村落是另一类文化遗产》,《民间文化论坛》2013年第1期。

名录，将体现中华民族优秀传统文化，具有重大历史、文学、艺术、科学价值的非物质文化遗产项目列入名录予以保护"。[①]2005年国务院发布《关于加强文化遗产保护的通知》，对非物质文化遗产提出了"保护为主、抢救第一、合理利用、传承发展"的基本方针。可以说，代表性项目名录是基于抢救与现实经济条件的考量，也是为了让有限的行政、财力资源得到更好利用。四部委关于传统村落调查的通知中对传统村落的界定也强调了"或拥有省级以上非物质文化遗产代表性项目"。我们注意到，国家对非遗代表性项目的强调，在传统村落的保护过程中似乎造成了一种误解，那就是传统村落里如果没有国家级或省级代表性项目，似乎就没有非遗。这种观点显然是不对的。我们认为，传统村落中的非遗是体现村落文化传承的重要载体。目前学术界对非遗的内容界定有所谓的"三分法"或"七分法"：前者指传统表演艺术、传统工艺技术、传统节日仪式；后者则包括民间文学、表演艺术、传统工艺美术、传统生产知识、传统生活知识、传统仪式、传统节日等。[②]如果按照这一标准来看，传统村落中的非遗事项是非常多的。几乎可以说，没有哪个传统村落中不存在这些文化事项。但接下来的问题是：他们并非代表性非遗项目，资源禀赋一般。这样一些文化事项与传统村落是和谐共生的关系，

[①] 信春鹰主编：《中华人民共和国非物质文化遗产法释义》，法律出版社2011年版，第40页。
[②] 苑利、顾军：《非物质文化遗产保护干部必读》，社会科学文献出版社2013年版，第17—20、24—26页。

大部分都保存了下来。那么这些是否值得保护呢？答案是肯定的。这就需要我们转换思维，淡化传统村落中非遗事项的"级别"观念，代之以"平等的眼光"。而且从保护村落文化遗产的角度来看，固守原有非物质文化遗产的定义，过于强调非遗项目的级别，对村落文化的保护与传承是不利的。因为从非物质文化遗产的保护来看，其保护主体是非遗事项；而从传统村落的保护来看，保护的主体是村落，非遗只是其中一项内容。明确了这一理念，我们对传统村落中的非遗可以有如下界定：在传统村落中保存并传承至今，能代表传统村落文化遗产的民间文学、表演艺术、传统工艺美术、传统生产知识、传统生活知识、传统仪式、传统节日类文化事项。需要注意的是，上述七类事项是或然关系而非要求全部具备。此外我们还应充分注意非遗事项的地域性、民族性，注意其原汁原味的保护与地方特色。这样我们才能充分发掘其文化内涵，并在此基础上逐步构筑中国非物质文化遗产的分级分类谱系。

二、传统村落中的非物质文化遗产应如何保护传承？

传统村落中的非物质文化遗产，既然属于非物质文化遗产，虽然在级别与品质上要求可以降低，但在活态传承的原则上是一致的，这样才能在传统村落中形成一定的原生态文化，保护村落固有的文化空间。传统村落中的非物质文化遗产保护，我们需要明确如下几个理念：

第一，村落中的非遗保护其实是保护一种生活方式，确保文化的传承。正如《人类口头与非物质文化遗产》项目的评审标准中所要求的，该遗产"应当扎根于有关社区的传统和文化中"。据民俗学的界定，"村落既是指农业社会中人们共同居住、生产、生活的空间，又是指在这一空间中生活的一个群体，此外还是指一种制度性的人群组织类型。"村落作为一个实体，在物质生活与精神生活两个方面均有"自足"的性质。① 正基于此，村落作为一个地缘与血缘高度融合的社会组织，其保留下来的历史记忆、家族传衍、乡规民约等等，虽然不在非遗的范畴，但我们认为这些都是重要的文化要素，值得整体保护。国家部委对传统村落的指导意见中也明确指出："尊重村民作为文化遗产所有者的主体地位，鼓励村民按照传统习惯开展乡社文化活动，并保护与之相关的空间场所、物质载体以及生产生活资料。"② 我们希望看到的是村民能够传承其富有地域特色的生活方式，且这种方式代表了地域文化的独特内涵。

第二，村落中的物质文化遗产与非物质文化遗产互相依存，互相融合，同属于一个文化与审美的基因，是一个独特的整体。传统村落评选最主要的三个参考要素分别是

---

① 刘铁梁：《村落——民俗传承的生活空间》，《北京师范大学学报》1996 年第 6 期。

② 《住房与城乡建设部、文化部、财政部关于加强传统村落保护发展工作的指导意见》，2012 年 12 月，http://www.mohurd.gov.cn/zcfg/jsbwj_0/jsbwjczghyjs/201212/t20121219_212337.html。

传统建筑风貌、选址与格局以及非物质文化遗产。这三者之间其实也是有机联系在一起的。例如传统建筑虽然在表现形式上体现为物质文化遗产,但建筑知识与修复技术则属于非物质文化遗产,属生活知识类遗产。第一批国家级非物质文化遗产名录中"手工技艺"类非遗项目就有诸如"侗族木构建筑营造技艺"(柳州市、三江侗族自治县)、苗寨吊脚楼营造技艺(贵州雷山县)。第二批国家级非遗名录中也有诸如徽派传统民居营造技艺(安徽黄山市)、闽南传统民居营造技艺(泉州、惠安县、南安市)、窑洞营造技艺(山西平陆、甘肃庆阳)等。这些都是极好的例证。另外,一些建筑装饰如砖雕、木雕等则属传统工艺美术类非遗项目,数量更多,分布也更加广泛。从这一意义上来讲,从事传统民居建造的工匠及其传承状况调查应当予以重视。中国的官式建筑其实很多发源于民间,借助传统村落的调查与保护,对民间建筑营造与修复技术进行系统调查与研究,关注其传承与保护机制,不仅对非遗,对整个中国建筑界、文化遗产领域都将是重要的收获。这样既保护了非遗,同时也对传统建筑的源流有了更清楚的认识,可谓一举多得。再来看村落建筑的选址与格局,这背后蕴含的生态环境思想,凝聚着古人的智慧与思考。古人所谓的"风水"与堪舆相地之术,背后涉及的"天人合一"观念、"阴阳论"、"五行说"等,可以说是一门综合性学科与整体性学问。[①]"风水"产生于古代农耕社会,是人们渴望将自身

---

① 李琦珂、曹幸穗:《中日韩三国"风水文化"比较研究》,《东北亚论坛》2013年第1期。

和谐地融入自然而不断采取的自我完善的手段。传统风水注重人类对自然环境的感应,讲究背山向川、藏风聚气等,正是农耕文化的代表,也蕴含着文化伦理。今天我们讲"乡愁","乡愁"的载体其实就附着在这些具象的自然空间之中,尤其是充满乡土与自然气息的空间之中。因此,古人的这种观念及其村落实践其实就是农业文化的基因,是乡土文化的核心元素,是重要的文化遗产,同样值得重视与保护。由此可知,整体性保护的理念对村落的非遗来讲是必由之路,循此路径我们才可以看到完整与富有乡土气息的村落,文化遗产的全面保护才能落到实处。

三、非物质文化遗产视野下的传统村落应如何发展?

传统村落既是保护对象,同时也是生产与生活的场所,在当前社会转型与城镇化的大背景下,自然也面临着如何发展的问题。国家部委的指导意见提出:"正确处理传统村落保护和村民改善生活意愿之间的关系,在符合保护规划要求的前提下,优先安排传统村落的基础设施和公共服务设施建设项目,积极引导居民开展传统建筑节能改造和功能提升,改善居住条件,提高人居环境品质。正确处理传统村落保护和发展之间的关系,深入挖掘和发挥传统文化遗产资源价值,在延续传统生产生活方式的基础上,适度发展特色产业,增加村民收入。正确处理保护与利用之间的关系,针对不同类型的资源提出合理的利用方式和措施,纠正无序和盲目建设,禁止大拆大建。加大对传统村落保护发展项目的支持,鼓励社会力量参与传统村落的保护发展,多渠道筹措保护发展资金,建立政府推动、社会参与的协同保护发展机制。"[1]从非遗保护的视野出发,既保护村落固有的文化遗产,同时能够借助传统文化遗产的资源打造合理的品牌,不失为一种好的选择。我们也清醒地认识到,已有的政府支持是远远不够的,需要创新机制引导传统村落走上良性发展的道路。学界对非物质文化遗产的"商业化经营"与"产业化开发"有过讨论,认为应当尊重其历史源流,历史上"走市场"的项目即可走市场,产业化开发不应直接作用于非遗项目本身,而是利用其文化元素加以包装创造文化产品。[2]这一思路同样适用于传统村落,如传统村落中的一些手工产品,我们可以尝试在有手工技艺制作传统的村落推广"一村一品",借助传统村落的文化品牌,将其与文化旅游结合。但我们对产业化开发要慎重,谨防破坏村落原有的文化生态格局。当然,传统村落的产业布局与发展机制仍有待探索,需要不同领域、行业的学者专家与社会各界关心支持传统村落的热心人士共同参与,积极实践。

---

[1]《住房与城乡建设部、文化部、财政部关于加强传统村落保护发展工作的指导意见》,2012年12月,http://www.mohurd.gov.cn/zcfg/jsbwj_0/jsbwjczghyjs/201212/t20121219_212337.html。

[2] 苑利、顾军:《非物质文化遗产保护干部必读》,社会科学文献出版社2013年版,第291-294页。

参考文献

著作：

北京市档案馆编：《北京寺庙历史资料》，中国档案出版社 1997 年版；

北京市档案馆编：《那桐日记》，新华出版社 2006 年版；

陈以爱：《中国现代学术研究机构的兴起——以北大研究所国学门为中心的探讨》，江西教育出版社 2007 年版；

戴逸：《乾隆帝及其时代》，中国人民大学出版社 1997 年版；

董玥：《民国北京城：历史与怀旧》，三联书店 2014 年版；

定宜庄：《清代八旗驻防研究》，辽宁民族出版社 2003 年版；

定宜庄：《老北京人的口述史》（上下册），中国社会科学出版社 2009 年版；

定宜庄、汪润主编：《口述史读本》，北京大学出版社 2011 年版；

欧阳哲生编：《胡适文集》，北京大学出版社 1998 年版；

复旦大学文史研究院编：《都市繁华——一千五百年来的东亚城市生活史》，中华书局 2010 年版；

高平叔：《蔡元培年谱长编》（1917—1926），人民教育出版社1999年版；

顾潮编著：《顾颉刚年谱》（增订本），中华书局2011年版；

郭黛姮：《乾隆御品圆明园》，浙江古籍出版社2007年版；

海淀区人民政府香山街道办事处编：《香山：寺庙与旗营》，北京出版社2010年版；

韩光辉：《北京历史人口地理》，北京大学出版社1996年版；

何瑜：《清代三山五园史事编年（顺治—乾隆）》，中国人民大学出版社2014年版。

侯仁之主编：《北京历史地图集》，北京出版社1988年版；

侯仁之、唐晓峰主编：《北京城市历史地理》，北京燕山出版社2000年版；

侯仁之：《北京城的生命印记》，三联书店2009年版；

胡朴安：《中华全国风俗志》（下册），河北人民出版社1986年版；

黄宗智主编：《中国研究的范式问题讨论》，社会科学文献出版社2003年版；

金启孮：《北京郊区的满族》，内蒙古大学出版社1989年版；

经君健：《清代社会的贱民等级》，浙江人民出版社1993年版；

孔庆普：《北京的城楼与牌楼结构考察》，东方出版社

2014年版；

李欧梵：《上海摩登：一种新都市文化在中国（1930—1945）》，北京大学出版社2005年版；

李家瑞：《北平风俗类征》，北京出版社2010年版；

李少兵、齐小林：《北京的洋市民：欧美士人与民国北京》，北京师范大学出版社2016年版；

李向平、魏扬波：《口述史研究方法》，上海人民出版社2010年版；

李孝悌主编：《中国的城市生活》，新星出版社2006年版；

柳茂坤：《京旗外三营》，北京出版社2000年版；

刘锡诚：《非物质文化遗产：理论与实践》，学苑出版社2009年版；

刘小萌：《清代北京旗人社会》，中国社会科学出版社2008年版；

路工编：《清代北京竹枝词》，北京古籍出版社1982年版；

罗振玉：《罗振玉学术论著集》，上海古籍出版2013年版；

马军：《1948年：上海舞潮案——对一起民国女性集体暴力抗议事件的研究》，上海古籍出版社2005年版；

马芷庠：《老北京旅行指南》，北京燕山出版社1997年版；

［美］费约翰著，李恭忠等译：《唤醒中国：国民革命中的政治、文化与阶级》，三联书店2004年版；

［美］西德尼·D·甘博著，陈愉秉等译：《北京的社会调查》，中国书店2010年版；

（明）沈榜：《宛署杂记》，北京古籍出版社1983年版；

溥仪：《我的前半生》，群众出版社1982年版；

（清）于敏中等编纂：《日下旧闻考》，北京古籍出版社2001年版；

（清）震钧：《天咫偶闻》，北京古籍出版社1982年版；

史明正：《走向近代化的北京城——城市建设与社会变革》，北京大学出版社1995年版；

史晓风整理，恽毓鼎：《恽毓鼎澄斋日记》，浙江古籍出版社2004年版；

孙宝瑄：《忘山庐日记》，上海古籍出版社1983年版；

王笛：《街头文化：成都公共空间、下层民众与地方政治（1870—1930）》，中国人民大学出版社2006年版；

王笛：《茶馆——成都的公共生活与微观世界（1900—1950）》，社会科学文献出版社2010年版；

王汎森：《中国近代思想与学术的系谱》，河北教育出版社2001年版；

王贵民：《中国礼俗史》，台湾文津出版社1993年版；

王军：《城记》，三联书店2003年版；

王铭铭：《社会人类学与中国研究》，广西师范大学出版社2005年版；

吴建雍主编：《北京城市发展史》，北京燕山出版社2008年版；

徐珂：《清稗类钞》，中华书局2010年版；

徐征：《海淀地名典故》，北京出版社2003年版；

杨祥银：《与历史对话：口述史学的理论与实践》，中国社会科学出版社2004年版；

［英］保尔·汤普逊著，覃方明等译：《过去的声音——口述史》，辽宁教育出版社、牛津大学出版社2000年版；

尹钧科：《北京郊区村落发展史》，北京大学出版社2001年版；

余棨昌：《故都变迁纪略》，北京燕山出版社2008年版；

苑利、顾军：《非物质文化遗产学》，高等教育出版社2009年版；

苑利、顾军：《非物质文化遗产保护干部必读》，社会科学文献出版社2013年版；

岳升阳：《海淀文史——海淀古镇环境变迁》，开明出版社2009年版；

张宝章：《京西名墓》，北京燕山出版社1996年版；

张宝章：《三山五园新探》（上下册），中国人民大学出版社2014年版；

张复合：《图说北京近代建筑史》，清华大学出版社2008年版；

张超：《家国天下——圆明园的景观、政治与文化》，中西书局2012年版；

张恩荫：《圆明园变迁史探微》，北京体育学院出版社1993年版；

张佳：《新天下之化——明初礼俗改革研究》，复旦大学出版社2014年版；

张宗平、吕永和译：《清末北京志资料》，北京燕山出版社1994年版；

赵珩：《老饕漫笔：近五十年饮馔摭忆·序言》，三联书店2012年版；

赵其昌主编：《明实录北京史料》（全四册），北京古籍出版社1995年版；

赵世瑜：《狂欢与日常——明清以来的庙会与民间社会》，三联书店2002年版；

赵书：《踏歌寻典》，文物出版社2003年版；

Robert Redfield. *Peasant Society and Culture*. Chicago: University of Chicago Press, 1956.

Susan Naquin. Peking: *Temples and City Life, 1400-1900*, California, University of California Press, 2000.

论文：

毕琼：《成府村研究》，《北京档案史料》2004年第4期；

陈达：《社会调查的尝试》，《清华学报》第1卷第2期，1924年12月；

段勇：《古物陈列所的兴衰及其历史地位述评》，《故宫博物院院刊》2004年第5期；

冯骥才：《传统村落的困境与出路——兼谈传统村落是另一类文化遗产》，《民间文化论坛》2013年第1期；

韩光辉：《清代圆明园八旗驻防的设立及其户口演变与户口特征》，《清史研究》2000年第1期；

杭春晓：民初绘画资源的开放——古物陈列所的成立与

民初中国画》，《文艺研究》2005年第12期；

季剑青：《"私产"抑或"国宝"：民国初年清室古物的处置与保存》，《近代史研究》2013年第6期；

李淑兰：《试析构成"京味文化"的三种因素》，《首都师范大学学报》，1998年第6期。

刘剑等：《北京西郊清代皇家园林历史文化保护区保护与控制范围界定探析》，《中国园林》2009年第9期。

刘铁梁：《村落——民俗传承的生活空间》，《北京师范大学学报》1996年第6期；

刘勇：《谱系学对研究京味文化的意义》，《北京联合大学学报》，2013年第1期；

马军、白华山：《两界三方管理下的上海舞厅业——以1927-1943年为主要时段的考察》，《社会科学》2007年第8期；

莫艾：《蔡元培与北大画法研究会》，《文艺研究》2008年第1期；

桑兵：《伯希和与近代中国学术界》，《历史研究》1997年第5期；

孙瑜：《从北大画法研究会到中国画法研究会——民初画坛致力画学进步的两种倾向》，《美术研究》2005年第4期；

王冀青：《伯希和1909年北京之行相关日期辨正》，《敦煌学辑刊》2011年第4期；

王冀青：《清宣统元年（1909）北京学界公宴伯希和事件再探讨》，《敦煌学辑刊》2014年第2期；

吴十洲：《1925年前古物陈列所的属性与专职人员构

成——纪念古物陈列所成立 100 周年》,《故宫博物院院刊》2014 年第 5 期;

徐婉玲:《古物陈列所国画研究馆开办始末》,《故宫博物院院刊》2014 年第 5 期;

萧放:《城市节日与城市文化空间的营造——以宋明以来都市节日为例》,《西北民族研究》2010 年第 4 期;

杨志刚:《礼俗与中国文化》,《复旦学报》1990 年第 3 期;

岳升阳:《京西绿化带建设与传统景观保护》,《北京规划建设》2000 年第 5 期;

赵世瑜、张宏艳:《黑山会的故事:明清宦官政治与民间社会》,《历史研究》2000 年第 4 期;

周新国:《构建中国特色、中国风格与中国气派的口述史学——关于口述史料与口述史学的若干问题》,《当代中国史研究》2004 年第 4 期;

邹振环:《西餐引入与近代上海城市文化空间的开拓》,《史林》2007 年第 4 期。

后　记

这是我的第一本书。真是时光如梭，倏忽之间，博士毕业到现在已经六年了。六年的时间只有这么一本小书，还是颇为惭愧，但这也是一个小结，一个小小的句号。人生就是由这样一些阶段性的句号组成的。

感谢北京联合大学应用文理学院给了我一个平台，让我能继续从事自己感兴趣的研究工作。此前研究生阶段从事明清社会史的学习与研究，到联大后因承担北京史的教学任务，故而自己的科研方向发生了变化，北京史成为我的主攻方向。因为我觉得对于一个大学教师来讲，没有科研的教学无疑是"无源之水"，必不能长久。有些文章也是在备课的过程中产生的想法，北京史几轮讲授下来，经常有"常讲常新"的感觉，这也再次说明北京史是一个"大坑"，需要持续不断的投入与积累。在这里还要感谢几届学生，为了让自己的讲授更"有趣"一点，我还是费了不少心思，尽管结果并不理想。而且想到每轮讲课仍然有学生与我讨论互动，让我多少还心存感激与庆幸。另一方面，不必讳言，不少成果也是研究课题的反映。这几年在"项目制"的学术体制内生存，高校中人，大家都不能免俗，这也是应当有所交代的。

我的导师赵世瑜教授与师母周尚意教授在毕业后仍然

关心我的成长，以不同方式表达对我的支持与关照，可惜学生愚钝，无以为报。这本书我自己并不满意，希望今后能做出更好的成果再来向老师汇报。

当然，还应该感谢在历史文博系工作几年期间对我多有关照的各位同事们，尤其是顾军老师，给我的教学与工作给予指导，使我渐渐适应联大的节奏。张宝秀院长也多次提供学习交流考察的机会，并在课题申报等方面予以指导，对此我心存感激。黄可佳老师虽属考古教研室，但我们聊天颇多，学术与人生无所不谈，让我增长了不少见识。

回想起来，这六年也是我逐步完成个人"社会化"的过程。娶妻、生子与买房，在北京终于有了自己的立锥之地，但这个过程并不简单，其中的曲折让我一度深感焦虑，好在都走过来了。感谢妻子齐静的支持，在图书馆工作的她在做好自己本职工作的同时也给了我诸多便利条件，承担了很多家庭琐事，省去我许多后顾之忧。岳母身体并不好，但自从小朋友出生以后便一直陪伴左右，一晃已经快三年了。三年来，小朋友早上起来第一件事往往是去找姥姥，让我们感受到家庭的温馨，当然这背后更是任劳任怨的付出。儿子的出生给我们这个小家庭带来了无尽的欢笑。小朋友的到来让我们的生活真实而丰满，虽然工作上有不如意，但每次一回到家中，看到他那稚气的脸，扑向我的拥抱，一切就都抛诸脑后了。愿将这本不成熟的小书送给我的家人。

2017年6月于北京西王庄

图书在版编目（CIP）数据

蓟门集：北京史研究初探 / 李扬著. —北京：学苑出版社，2017.7
ISBN 978-7-5077-5283-0

Ⅰ.①蓟⋯ Ⅱ.①李⋯ Ⅲ.①北京—地方史—研究 Ⅳ.①K291

中国版本图书馆CIP数据核字（2017）第177788号

责任编辑：沈　萌
出版发行：学苑出版社
社　　址：北京市丰台区南方庄2号院1号楼
邮政编码：100079
网　　址：www.book001.com
电子信箱：xueyuanpress@163.com
联系电话：010-67601101（营销部）、010-67603091（总编室）
经　　销：全国新华书店
印 刷 厂：北京京华虎彩印刷有限公司
开本尺寸：880×1230　1/32
印　　张：9.25
字　　数：150千字
版　　次：2017年7月第1版
印　　次：2017年7月第1次印刷
定　　价：39.00元